お待たせしました
男のエロ知恵シリーズ第二弾です

スケベの天才たちが
編み出した
ズル賢いエロテクニックの
すべてを
ぜひあなたの
Hライフに
役立てて
ください!

★本書は月刊「裏モノJAPAN」8月号別冊『男のエロ知恵180』(小社刊、2017年8月)を文庫化したものです
★記事内の写真は但し書きのあるものを除きイメージです
★記事内の情報は初出誌掲載当時のものです

手コキ嬢が顔面騎乗OKならもらったも同然

漫画………大串ゆうじ

「ラインはすぐに返さなきゃいけないもの」の心理を突いて撮影を

漫画………今井のりたつ

ワリキリおばさんは「Sキャラ→実は優しい」でセフレになる

漫画………坂本千明

たった千円でも プレイは段違いに 良くなるものだ

漫画………丸岡巧

大人の男は温泉宿にデリヘルを呼びたいものだ

ふらっと入ったラブホでデリ嬢を呼んで一発ヌく。

若いころならこういう遊びも決して悪くはないんだろうが、齢を重ね、いろんな社会経験を積んできた俺のようなオッサンには、どうもそれだけでは味気がない。

同じフーゾクで遊ぶにしても、もっと情緒のある、落ち着いた環境でのプレイにより心が引かれてしまうわけで。

こういう考えに賛同してくれるご年配の同志はきっと少なくないだろうが、ならばそういう方たちのために、ぜひオススメしたいものがある。

『ホテルDEデリヘル』なる口コ

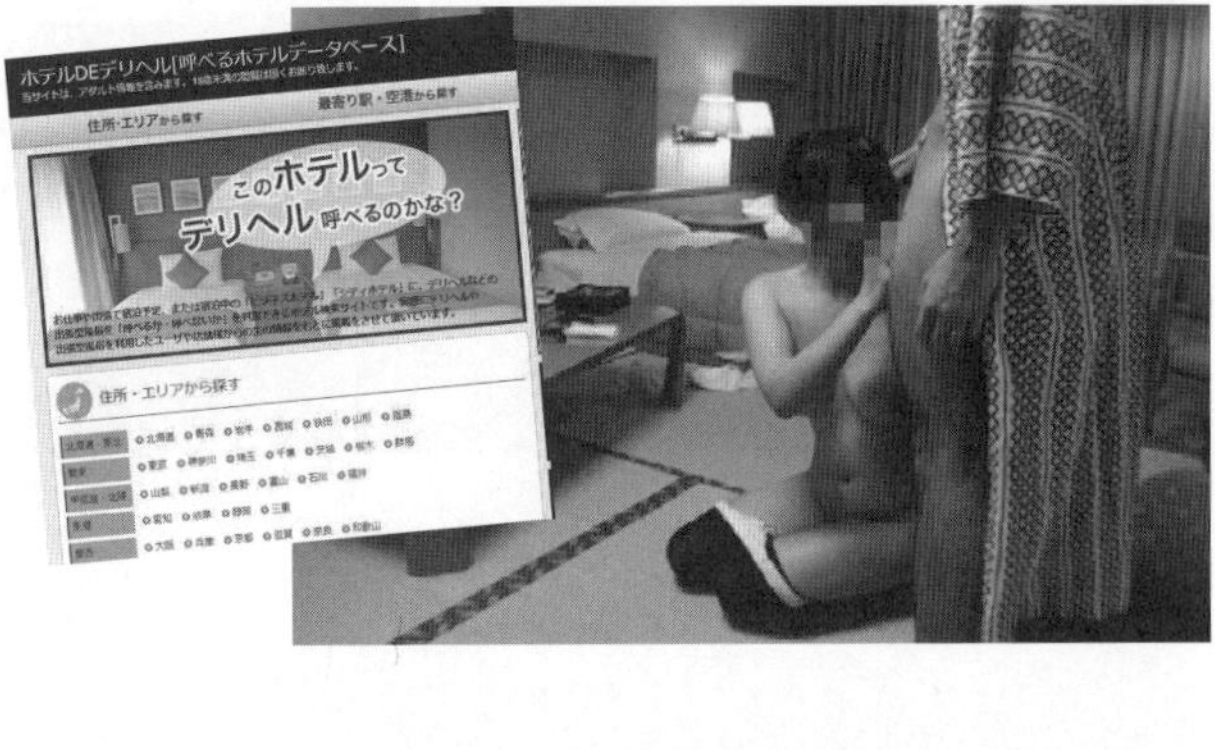

ミサイトだ。デリヘルが呼べるシティホテルやビジネスホテルの情報が都道府県別に集められたきわめて便利なサイトなのだが、実はホテル以外に、温泉宿や温泉ホテルの情報も多数、掲載されていたりする。

つまり、ゆっくり温泉に浸かり、晩酌を楽しんだそのあとで、デリ嬢と落ち着いた和室でしっぽり、などという贅沢な大人の遊びが可能なわけだ。

静かに一人旅を楽しむもよし。あるいは男友だちを誘ってにぎやかにやるもよし。いずれにしろ、オッサンの温泉旅行が数倍グレードアップすること間違いなしだ。

（静岡・50才）

単独でやってくるパパ活オンナにエンコーを切り出す

ナンパ場として相席系飲み屋が大はやりだが、オッサンにはなかなかハードルが高いというのがオレの印象だ。
主流の居酒屋タイプでは、何度ホゾを噛んだかわからない。このタイプは2対2でのグループトークが基本なので、十八番のエンコー提案も切り出しにくいし。
しかし、オレは狙い目の店舗を見つけた。近ごろ都市部を中心に増えつつある、ラグジュアリーな内装で高級感をウリにした『相席ラウンジ』である。

システムは、居酒屋系とだいたい同じで、男は有料、女はタダ。そしてポイントは、1人客の女がやたら多いことだ。ここなら得意技を出せそうでしょ?

実際に向かってみたところ、状況は期待以上だった。豪華な内装の雰囲気に釣られてか、パパ活オンナが集まってきており、援交が切り出しやすいのだ。

おっさんが向かう相席系飲み屋は、ラウンジタイプで決まりです。

(埼玉・44才)

女子大生が愛人を見つけるための異業種交流会

行きつけのキャバクラで、大学生キャバ嬢に誘われたのがキッカケでした。

―六本木や恵比寿のクラブで、学生が『ハニコレ』という異業種交流会を定期的に開催している。VIP席は2万円なんだけど、かわいい女の子がいっぱい集まるんで―。

そのときはそんな学生パーティーにオッサンが行ってどうすんだと思いましたが、何となく流れでハニコレのホームページから予約をしたんです。

当日、若い連中で賑わう会場のクラブには、意外な光景が広がっていました。VIP席はオ

ッサンだらけで、しかもそこに次々と女の子が向かっていく。まるでホステスのような感じで。

どうやらこのハニコレ、雰囲気から察するに、女子学生たちが愛人を見つけるための場であるようです。

ならばと、自分の席にやってきた大学生ちゃんに、ドリンクを2、3杯オゴってやったあと、さりげなく切り出してみました。

「パパ活とかしてそうじゃない。ちなみに、1回デートするなら小遣いいくらくらいほしい？　ほら、手のひらに数字を書いてみ？」

彼女は3と書いてくれました。援交成立！

その後、私がハニコレにハマったのは言うまでもありません。

（東京・44才）

視姦されるために ハミ毛させてるんだから 見てやんなきゃ損!

「最近のコスプレイヤー過激すぎ！」というようなネット記事を見かけないだろうか？　エロコスプレイヤーを生で見てみたいけど、アニメに興味はないし、行っても馴染めなさそう…と気後れしている方もいることだろう。

もったいない。そんな理由でせっかくのエロチャンスを逃すなんて。

イベントと聞くと敷居が高く感じるかもしれないが、実際のところ、コスプレイヤーを囲んで撮影しているカメラマンは小汚いオッサンばっかりだし、俺のように視姦目的と思わしき、

ただブラブラしているだけのオッサンもかなりの数いる。事実俺もアニメなんか全く知らないが、毎回イベントがあるたびに出かけ、若い女の生ケツやハミ毛をたっぷりと鑑賞させてもらっている。

女たちもエロ目線で写真を撮られたり、視姦されるのには慣れっこで、「もっと足広げて〜」なんてリクエストにも笑顔で応えている。

このようなイベントは関西なら「ストリートフェスティバル」、名古屋は「ロムこみ」、「こみっくトレジャー」、関東なら「コスホリック」「ロー協」などが規模も大きく、鉄板のイベントだ。

是非、生でエロコスプレを楽しんでほしい。

（大阪・46才）

第1章
ヤル知恵

新・男のエロ知恵160　ヤル知恵

テキーラなのに飲みやすくて気持ちよく酔っぱらう

女の子をエロくさせる最も効率的な小道具がアルコールなのは間違いない。中でも効果が高いのがテキーラだ。

日本のパーティ好きな連中の間では、ショットグラスに注いでグイッと空ける飲み方が主流だが、テキーラショットは飲み過ぎると気持ち悪くなるので、いいイメージを持つ人は少ない。

が、『プレミアムテキーラ』は原料のアガヴェ100％で作られているので（一般的なものは50％程度）、アッパーな酔い方ができるだけでなく、ほとんど二日酔いをしない。女の子を落とすのに非常に向いているのだ。

『プレミアムテキーラ』は、少し本格的なバーなどに行けばたいてい置いてある。マルガリータ、テキーラサンライズ、マリアテレサあたりの甘くて飲みやすいカクテルを作ってもらえば効果的に酔わせられる。

（東京・42才）

酒豪自慢の女にはこいつで勝負を挑め

飲みに誘った女から「私、日本酒が好きなんです」と言われたら、みなさんはどう思うだろう。

そりゃあ好都合、いっぱい飲んでもらって酔っ払わせよう、なんて単純に考えるのは浅はかだ。この手合いは、飲酒量にかなり自信があると見てまず間違いない。普通にどうぞどうぞと勧めても、顔色ひとつ変えずに飲み続けられるのがオチだ。

が、手がないわけではない。相手が酒豪と思われる場合は、事前に食べログなどの飲食店検索サイトで、「日本酒は日本全国の銘酒を取り揃えています」といった触れ込みの飲み屋を探し、店にこう問い合わせるべし。

「日本酒の『越後武士（えちごさむらい）』はありますか？」

この酒、特別珍しい銘柄ってわけではないため、品揃えが豊富な店ならわりと置いてあるのだが、ポイントはそのアルコール度数。なんと46度！　ヤバイでしょ？

日本酒好き公言オンナには、これを勧め、いつものペースで飲んでいただこう。１００％ベロベロになってエッチな気分になってくれるはずだ。

（東京・39才）

酒に弱い女でもジュースのようにグビグビ

口説きにくい相手と言えば、やはり「お酒弱いんです」オンナだろう。居酒屋でソフトドリンクを頼まれたときほどシラけることはない。

なのでオレは初めて会う女とのデートには、カバンに『フルータス』（奈良産・梅乃宿酒造）という酒の小瓶を入れておく。そして「ドリンク持ち込み可能」な居酒屋に連れ込むのがパターンだ。

この酒、度数5度のれっきとした日本酒だが、味はフルーツヨーグルトのようで、まったくアルコールっぽくない。そこで相手にこう切り出す。

「この前、奈良に行ったときのお土産のお酒なんだけど。ジュースみたいな感じなんで、一杯だけどう？」

口当たりがいいだけに、グビグビ飲めてしまうが、中身は日本

酒だ。すぐに気持ちよく酔っぱらってくれます。
（東京・39才）

96度のスピリタスがグイグイ飲めてしまう

俺らがコンパのときに毎回使ってるアイテムがこのスピリタスのスペシャルセットです。

スピリタス＋ガムシロ＋ライム＋ソーダ

スピリタスはアルコール度数96％の世界最強のお酒として有名なんだけど、本当にほんの少し入れるだけで、めちゃくちゃ強い飲み物が作れちゃう。

ソーダとライムはコンビニで手に入るので、ショットグラス一個とスピリタスをペットボトルに詰めてバッグの中に入れておけば、いつでもどこでも使えるからめちゃ便利です。

仲良くなった女の子と、宅飲みやカラオケなんかで飲み会を開いて、

定番のコンパゲームをやる。で、罰ゲームはスペシャルセットのショット一気。ガムシロとライムのおかげで味はジュースなので、グイグイ飲んで酔ってくれます。
ただし、やりすぎると急性アル中で死にかねないので注意ですよ。お酒に弱い子とは絶対にやらないでください！

（神奈川・34才）

新・男のエロ知恵160　ヤル知恵

飲めない子でもワイン一杯つきあってしまう魔法

出会ったばかりの女の子、特に「お酒はあんまり…」なんて子をデートに誘うとき、よく使ってる作戦です。

「天気もいいし、美味しいものでも買って、公園でランチしようか」

この爽やかな提案を断る女の子はいません。いつも大きめのブランケット2枚とボトルワイン、そしてちゃんとしたガラス製のワイングラスを2つ持ってデートへ。

これ、個人的に一番重要なのはワイングラスだと思ってまして。

「ワイングラスも持って来たんだし、一杯ぐらい飲もうよ」

と勧めれば、断るのは悪いかな、と誰だって考えます。しかも舞台は公園。オシャレ感もあって、一杯ぐらいならと付き合ってくれるものなんです。

爽やかデートが終わってもまだ夕方。ほんのり酔った女の子に、「ゆっくりできるとこでも行こうか」てな感じで誘うと、結構な確率でホテルに連れ込めます。飲み直すってほど飲めないし、かといってお腹もすいてないし。ま、仕方ないかってことなんでしょうね。

（東京・39才）

夜勤明けに酒を飲むハイで開放的な女はどの店に集まるのか

日本全国どこにでもあるけど、多くの男が見逃している、意外なナンパスポットを教えましょう。

それは〝早朝のジョナサン〟です。

なぜか。それは工場や病院から出てきた夜勤明けの女たちが、一斉に集まってくるからです。

全国展開しているファミレスは数あれど、朝から酒が飲めるのはジョナサンのみ。仕事終わりにわざわざ繁華街まで出たりしないので、必然的にジョナサン飲みが確定するわけです。

そして、夜勤明けの女は長時間の勤務が終わった開放感と、寝ていないことによるナチュラルハイが合わさって、非常にノリがいいんです。それにストレスも溜まってるからハイペースで飲むし、ナンパに必要な条件がすべて揃ってます。

ぜひ早起きしてジョナサンへ向かってください。

（東京・38才）

指や手のひらをヌルヌルされると女の体は受け入れ態勢へ

どういうわけか、マッサージの得意な男は女ウケがいい。それも、本格的なマッサージができるほど、その効果が高いように思う。

俺は女の子と飲みの席で、必ずハンドマッサージをかますのだが、単に手でマッサージするよりも、ちゃんとしたマッサージオイルを取り出した方がリアリティが出て、女の子たちも受け入れやすい。

俺のお薦めは「ニールズヤードレメディーズ」のボディオイルだ。その界隈では定番と言われているイギリスの老舗メーカーのもので、オーガニックがどうだ香りがどうだと面倒な知識を持った子にも通用する優れものだ。

「俺、マッサージに興味あってさ」

などと言いながらバッグからこのボトルを取り出して手に少量

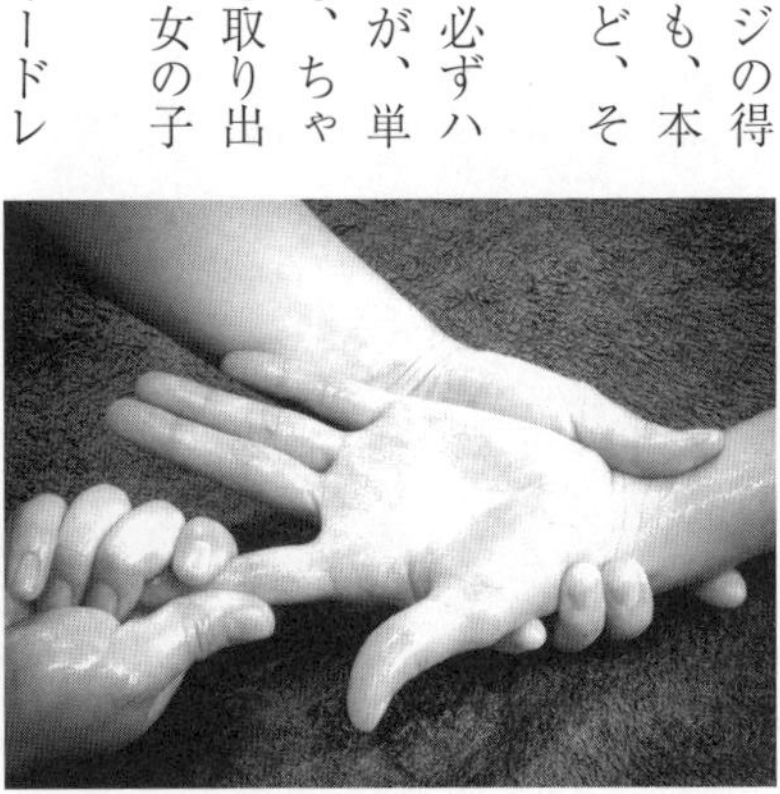

を垂らせば、いい匂いがするし、べたべたしないし、まるで今からプロが施術してくれるかのような演出ができる。

さて、このヌルヌルハンドマッサージ、我々オトコが考えている以上に前戯的な効果が高い。指や手のひらをヌルヌルされるだけで、女のカラダってのは受け入れ態勢に向かっていくのだ。

嘘だと思うならぜひお試しを。ホテル行きの確率が格段に上がることを約束する。

（埼玉・40才）

「いい匂いがする」と喜ばれ接近戦に持ち込めるクリーム

あえてニオイという観点で特効薬を選ぶなら、オレの答えは、この『ローラメルシエ』というボディクリームだ。

バニラアイスに似た独特の甘い香りなのだが、体に塗っておくと、女の反応が本当にいい。

バーや合コンなんかでは間違いなく「女の子よりいいニオイがする」と喜ばれ、首すじあたりをクンクン嗅いでくれるのだから、ボディタッチにもすんなり移行できる。

だからと言って、町で逆ナンされることはないし、即日お持ち帰りをキメまくれるわけでもない。セックスにありつける回数が上がった程度だ。

でも何もしないよりは断然いいっしょ。

（東京・32才）

laura mercier
body & bath
laura mercier
body & bath

手を叩いたら僕のことを好きになっちゃうよ

今すぐ催眠術師になれる方法を教えましょう。まず、お祈りするときのように手を握らせます。そして、両方の人差し指だけを突き出してもらう。ちょうどカンチョーするときみたいな手の形ですね。

その状態で「この人差し指と人差し指がくっつかないように、軽く開いてて。今から俺が手を叩くと少しずつ指が閉じていくから」と言って、軽く手を叩く。

すると面白いように指が閉じていきます。別にこれは催眠術でもなんでもなくて身体の反射なんですけど、女の子は目を輝かせて「スゴーイ！」って言うことでしょう。

一度「この人は本当に催眠術を使えるんだ」と思わせたらこっちのもの。「3つ数えると眠くなる」とか「手をかざしたところがあったかくなる」みたいに適当に考えたような

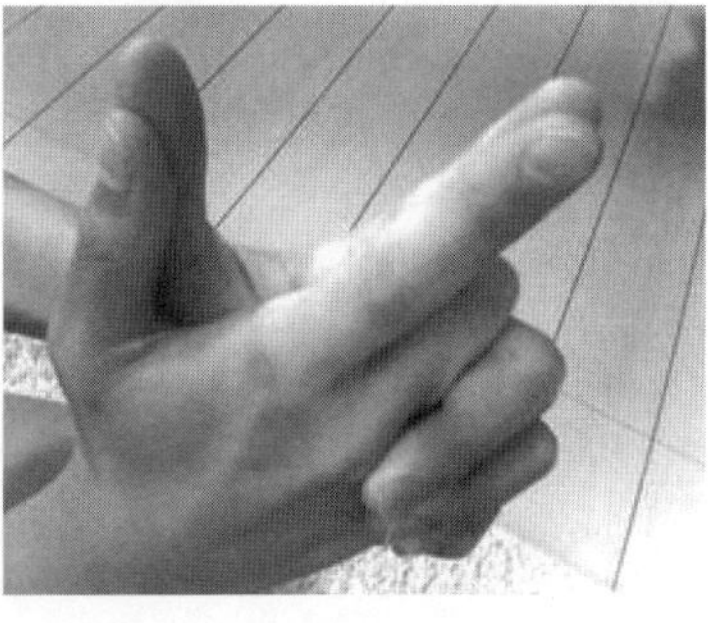

暗示でも面白いくらいにかかってくれます。
勝負を決めたいときは「手を叩いたら、僕のことを好きになっちゃうよ」なんてのが、ベタですけど効果的ですよ。

（東京・38才）

自然にスキンシップに持ち込む流れを覚えておこう

女の子をその気にさせたいときは、手を繋いだり、腕に触れたり、スキンシップをはかるのが最も手っ取り早い。中でも効果的な方法を紹介しよう。

うなじの匂いを嗅ぐ

結論から言うと、僕の場合、女の子のうなじの匂いを嗅ぐフリをしながら耳周りを手で触ったり、自分の鼻でつついたりして、そういう雰囲気に持っていく、というのが基本パターンです。

よくやるのが、並んで歩いてるときに、

「あれ？　なんかすごくいい匂いするね」

と言いつつ髪の毛の匂いを嗅ぎます。長い髪の毛の子なら、さっと髪の毛をどかして、うなじに顔を寄せて匂いを嗅ぐ。このとき頬がうなじに着くぐらい思い切り近づくのがポイントです。女の子はかなりドキッとするみたいで、顔を赤らめたり、ドギマギするような感じになる。

この行為を一度挟むことで、こちらに対して「男」を意識してくれるようになるんです。ホテルに連れ込める確率が跳ね上がり

（千葉・30才）

ますね。

耳占い

耳占いって知ってます？　耳の形によって運気や性格が判断できるらしくて、「とんがった耳の子はセックスに奔放」とか「四角い耳の子は真面目」みたいなのがある。本も出てるしネットにも書いてるので、こいつを軽く覚えておいて、

「耳占いしてあげるから、ちょっと耳を見せてよ」

って感じで相手の耳まわりを優しく触る。

耳の周りって、神経が集中して敏感な部分だから、触られるとゾクっとしますよね。

「くすぐったいよ〜」

「見えないから動かないで」

てな感じで、自然と２人でイチャイチャできる劇薬的な効果があるん

（東京・37才）

です。

あすなろ抱き

女の子に「したくなっちゃった」と思わせるには、興奮してもらわないといけません。興奮させるには、身体か脳に直接刺激を与えることが必要です。

直接という意味では、身体に密着するのが一番。その時間や頻度を高めるのが重要です。マッサージしてあげる、というのもありますが、簡単なところで言うと、個室なんかで飲んでるときに、恋愛話に持っていって、「俺さ、すごい憧れのシチュエーションがあるんだよね」と振る。

それは何かというと、昔「あすなろ白書」っていうドラマがあっ

て、キムタクが石田ひかりの後ろから抱きついて「俺じゃダメか？」って問いかけるシーン。「あれがすごい憧れで、カッケー！　と思った。あれ女子的にどうなの？」と問いかける。確かにあれは憧れるわよね、となったときに、「ちょっとそれ、再現しようぜ」という感じで実際にやっちゃうんです。座った状態で、むぎゅーっと。

正面から近づくと拒否されやすいですけど、意外と後ろからくっつくと抵抗がそこまでなかったりします。

セックスをしたくて前戯してるのではなく、あくまでお互いの恋愛話を楽しんでいる延長線上での接触なので、意外と女子は嫌がらない。

くっついた状態で飲みながら「どこが弱い？　耳は？」なんて性癖なんかの話をしながら耳をアムアムカプカプしたり。身体を興奮させられます。

（東京・ネットナンパ師Ｓａｉ

公式ブログは http://enjoy151a.com）

疲れてるマッサージ嬢を逆にヌルヌル揉みほぐして手マンへ

抜きありのマッサージ屋はオイルマッサージをしてくれて最後には手コキと、なかなか楽しい場所だが、女たちのガードが堅いのだけはいただけない。

手コキ中に尻や胸に手を伸ばそうものならやんわりと手を除けてくるし、「フェラとかできない?」「入れたくなっちゃった」などと言おうものなら、侮蔑を剥きだしにして「そういう店じゃないんで」と言ってくる。そんなマッサージ嬢たちを好き放題できる方法を教えちゃいましょう。

まず、10分ほど普通にマッサージを受けたら、「なんか今日は凝ってないから、俺がマッサージしてあげるよ」と逆マッサージを提案します。向こうも肉体的にラクだからか、ここで拒否られることは少ないです。

いざ手にオイルを塗り、ヌルヌル

とマッサージしてあげましょう。といっても向こうは服を着てるので、必然的に脚を揉みほぐすことになります。つま先からスタートして徐々に上へ。ふくらはぎ、太もも、足の付け根とじっくり進んでしまえばもうこっちのもんです。

そろりと股間に手をやり、パンティの隙間から手マンしたところで完全に出来上がり。一気に挿入まで行っちゃいましょう。

実は僕、この方法で2人をセフレにもしています。マッサージしてくれる客って珍しいんでしょうね。

（東京・40才）

流行のヘッドマッサージを個室連れ込みに使わない手はない

今、女たちの間ではヘッドスパが大流行している。火付け役になった「悟空のきもち」という店のマッサージは施術中に必ず眠ってしまうほど気持ちがよく、キャンセル待ちにすら64万人が待っているという盛況ぶりだ。

なので出会い系や婚活で職業を「ヘッドスパ」と言ってしまえば、とてつもなくオイシイ思いが出来てしまう。

流行りの職業ということでマッチングやカップル成立は楽勝だし、飲みに移行してからも「軽くやってあげるよ」と言ってスキンシップも容易にできる。基本的に、頭皮は軽く触られただけで気持ちがいいものなので、指の腹で軽く頭皮をマッサージするだけでかなりの効果がある。

そして、気持ちよさそうになってきたころを見計らって「もっと本格

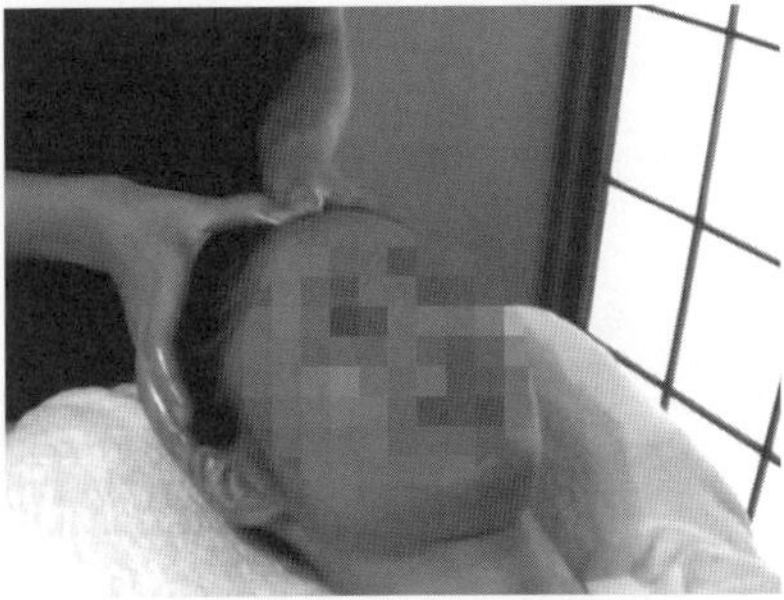

的にやってあげるよ」と言って個室へ。こんな簡単でいいの？ってくらいラクラク連れ込めてしまう。女は熱しやすく冷めやすいもの。ブームが過ぎ去る前に、是非とも実践してもらいたい。

（神奈川・40才）

手を握ったままだと女はラブホ行きを拒みにくい

バリバリのクルマ社会である田舎では、出会い系でアポった女がこちらの車に乗り込んできたからといって、そのまま「ハイもらった〜」とは断じてならない。田舎では、女が自分の車から男の車に乗り換えることなど、当たり前の行為だからだ。

むしろこの段階は、セックスに至る10ステップのうちのまだ5番目か6番目くらいのもので、その後、お茶をする、メシを食うなどのアクションを挟んでようやく8番目とか9番目に進むといった感じか。そこが東京のような大都会とは大きく違うところだ。

しかし俺には、一気にステップ6からステップ10へ持っていく秘策がある。

カンタンなことだ。女を車に乗せてしばらくすれば左手でスッと相手の手を握りしめ、片手運転を続ける。その状態でラブリーな会話をかわし、いざラブホが見えてきたところで黙ってパーキングに突入するだけだ。

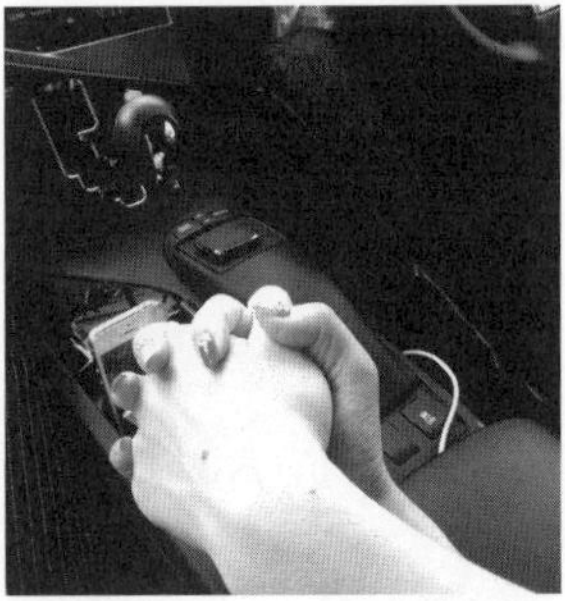

心理学的な話になるが、男と手をつなぎっぱなしにしていることと、「いきなりホテルだなんてイヤ！」と拒否することは女のなかで矛盾した行為となる。つまり、手を握った状態さえキープできれば、ホテル行きを断りづらくなる力が働くわけだ。

むろん百発百中の策ではないが、メシや茶などをすっ飛ばし、さっさとゴールを目指したい向きには、イイ手だと思う。

（富山・34才）

女のスイッチを入れるためキスをかましておきたい。さあ、どこへ向かうべきだ？

飲み屋を出た後、さぁラブホへ向かおうって場面で女に抵抗されるほどうっとうしいもんはないですよね？

でも、これを回避する方法は、意外と簡単です。

みなさん、自分の経験を思い出してみてください。ラブホへ向かう前に、ビル陰とかでキスをカマしたことはないでしょうか？　そのときはすんなり連れ込めてませんか？

そう、キスさえしてしまえば、女のスイッチも入るんです。官能小説じゃないですが、イヤイヤ言ってるけど体は素直に反応し…ってやつでしょう。

では、どうやってキスをすればいいのか？　ビル陰なんかにはそう簡単に連れ込めないし、路上でいきなり抱き付くわけにもいかないので、ぼくはこう切り出します。

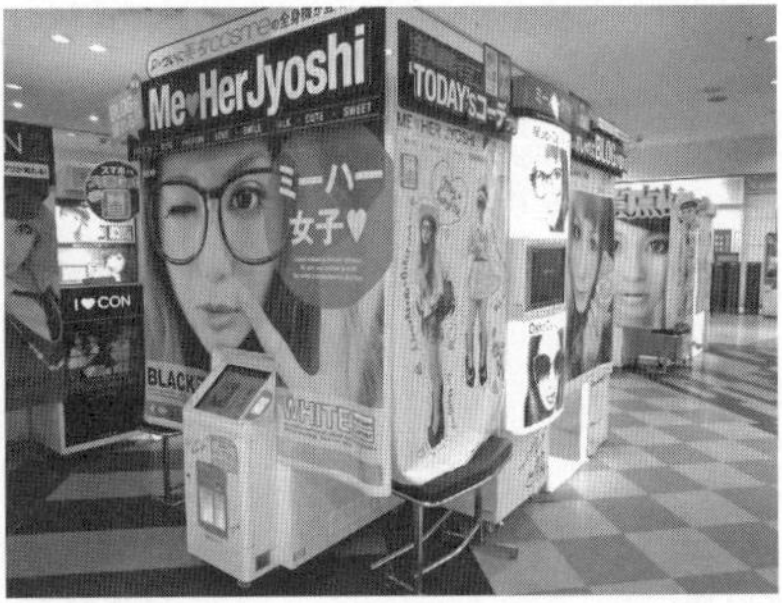

「ちょっとそこのゲーセンでプリクラでも撮っていかない？」

プリクラなら自然に顔を寄せ合う流れになるので、いきなりブチューっとカマせるわけです。

（東京・35才）

まさに鬼畜のセリフ「奢るからホテル行こうよ」

俺の手法はややヒドイのだが、まあ聞いてほしい。現実ってのはヒドイくらいのほうが実用的だったりするものだ。対象は出会い系の女だ。

では手順を。アポのときにまず、「何が食べたい？」とリクエストを聞く。肉だの魚だのはっきり言う女はそうはいないわけで、それならばと連れていくのは、やや高級な店だ。焼肉でも寿司でもかまわない。２人で飲んで食って１万５千円ぐらいのところだ。

そして、いざ店を出るときに言い放つ。

「奢ってあげるからホテル行こうよ」

え、オゴリじゃなかったの？　と女は仰天するだろうが、そんな約束してないんだから、理はこっちにあ

る。

このとき返事に詰まる女ってのは、ワリカン7千円を払うかホテルに行くか、の二択に悩んでるわけじゃない。ハナから頭になかった7千円の出費など到底ありえないと考える。

だからそこでひと押し。

「うん、じゃあここは奢るよ。行こっか」

あたかも女がホテル行きを選んだかのごとく行動し、支払いを済ませてしまうのみだ。

この方法、もしワリカンを選択されても、美味いもんを自腹で食うことになるだけでマイナスはない。よくできた戦法だと我ながら感心してしまう。

（神奈川・40才）

酔いどれ女に優しくしても「大丈夫です」と立ち去られるのは何故か？

夜、道端にしゃがみこんでいる女性がいる。どうやら飲み会帰りで酔いつぶれたらしい。

さて、下心を持っているあなたはこんなときどうするか。自販機で水でも買ってやり、優しく接する？　なるほど、そこまでは正しい。

が、多くの男性はその後も優しい態度をキープしつづけているのではないか？「大丈夫？」「送っていこうか？」「吐きたいならトイレ連れていこうか？」などなど。そして、そんな人たちはいつも同じ結末を迎えているはずだ。しばらくしてヨタヨタ立ち上がった女性に「大丈夫です」と立ち去られる定番の結末を。これ、要するにアカの他人のままだからだ。

もし酔いどれ女性と親密になりたいならば、優しい人スタンスは最初だけにしておくべし。途中からはむ

しろ、

『まったく、飲みすぎてしょうがないヤツだな〜』

的なスタンスのほうがいい。「ワイン2本も飲んだん？　つぶれるに決まってるじゃん！　バカだな〜」

「え、タクシー乗るって？　ゲロまみれになる気かよ！」

このように、アニキが駄目な妹にツッコミを入れるような態度こそが正解。「だって飲みたかったんだもん」などと、女が友達のように接してくればもう大丈夫だ。手を取り合ってどこへでも行けばいい（セックスは準強姦になりかねないのであきらめましょう）。

以上、これまで何度も酔いどれ女を恋人にしてきた僕が言うのだから間違いない。

（東京・38才）

ソフトタッチな男だとアピールしておけばいざというときに効く

女の体に触れるか触れないかぐらいのタッチを続け、全身を性感帯に変えてしまうアダムタッチというテクがある。いざ、やってみるとこれがバツグンに効果的で、背中だの太ももだの、あるいはクリトリスすら、繊細なタッチを心がけるようにして好評を得てきた。

世の女はソフトタッチを望んでいる。ならば自分がそのテクを持っていることをアピールすれば話は早いわけで。

俺の場合は、飲みの場で下ネタになってくれば、いつもソフトタッチの効用を説いている。全身がピクピクしてどこもかしこも感じるようになる、味わったことのない絶頂感がおとずれる、そしていつも自分はそのテクニックを使っている、と。

そう解説したところで、じゃあ私も、とはならないわけだが、後々これが効いてくるように思える。いざホテル行きを打診したとき「乱暴なセックスはされない」

↑これを視てマスターせよ

という安心感があるおかげか、素直にうなずいてくれるのだ。やはり敵も女、未知の快楽に多少は興味があるのだろう。特に40代以上のセックスレス系の人妻にはよく効く手法だ。

（東京・51才）

本当に高価なものではなく その商品にしては高級なもので〝貸し〟を作る

女には「借りを作ってる男からの欲求は断れない」という習性があります。

なので無茶な欲求を通すには、前もってプレゼントをして貸しを作ってしまえばいいんです。

プレゼントをあげるポイントは、プレゼントの金額じゃなくて〝高級感〟です。2万も3万も使ってヤレなかったら大損ですし。

例えば〝3千円の服〟だったら単なる安物の服ですけど、〝3千円のチョコ〟ならどう思いますか？　たかがチョコに3千円なんて、相当な高級品ですよね。

僕が実際によくプレゼントに使うのは〝ロクシタン〟のハンドクリームですね。ハンドクリームなんて、

だいたい千円くらいですけど、これはちょっと高級で、だいたい3〜4千円くらい。

自分では買わない、手が出ないレベルのものをプレゼントしてもらったという、この特別感が効くんです。

このプレゼント作戦を挟んでからホテルに誘うと、「あんな高級なものをもらったんだし、断ったら悪いな」という心理が働くんですね。

この作戦、婚活パーティとかで会ったばかりの女にも効果的ですよ。是非おためしあれ。

（神奈川・35才）

キャバクラ嬢に金持ち客だと思わせる最強アイテム

金持ちのフリをする、というのはキャバクラ等ではかなり有効な戦術ですが、けっこう難しいんですよね。自分から金持ち自慢するのもウソくさいし。

自然にアピールができる2つの武器を教えましょう。

1つ目は、アメックスのセンチュリオンカードのレプリカ。年間2千万、3千万といった額をカードで決済する人にだけ招待状が来る、クレカ界の最高峰とも言われるカードですが、なんとヤフオクにレプリカが売ってます。

しかも名前やカード番号までオーダーで刻印してくれるので、見た目は本物とまったく同じ。これを用意

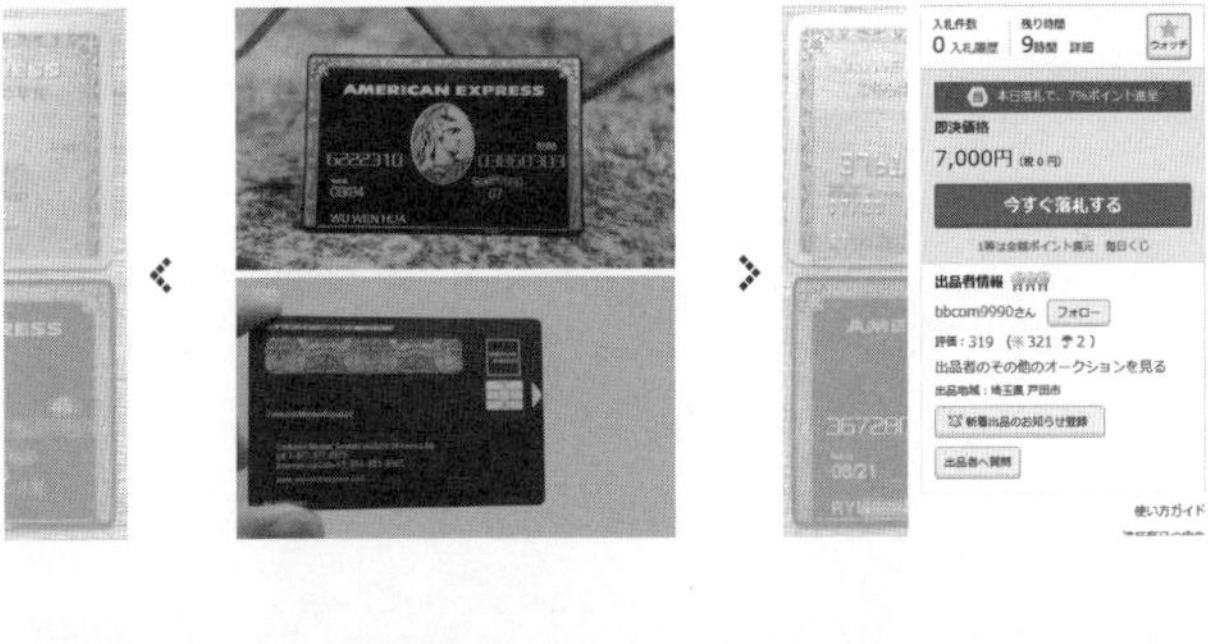
2017年度版 最新版、ICチップ搭載 アメックス ステンレス製 センチュリオン ブラックカード
AMERICAN EXPRESS
WU WEN HUA
入札件数
0
残り時間
9時間
ウォッチ
即決価格
7,000円
今すぐ落札する
出品者情報
bbcom9990さん
フォロー
評価：319
出品者のその他のオークションを見る
出品地域：埼玉県 戸田市
新着出品のお知らせ登録
出品者へ質問
使い方ガイド

して財布からチラ見せさせるだけで嬢の反応が段違いですよ。

２つ目は、宝くじの当選写メ。ツイッターで「年末ジャンボ　当たった　ＶＲ」で検索すると、１等を当てた男がご丁寧に宝くじの写メを載せてくれてます。

この写真を保存すれば、あなたも高額当選者です。当たり番号はみずほ銀行のサイトで発表されているので、サイトのスクリーンショットも保存しておくといいでしょう。

どちらも見せた瞬間に女の目付きが変わりますよ。あとはボロが出ないようにうまく立ち回りましょう。

（東京・48才）

ヤリ捨てを警戒する女には絶対に返してほしいものを貸しておく

婚活パーティは、女漁りの場として悪くない。マジメに結婚を考えている風さえ装えば、カップルになるのも難しくない。

が、敵もさるもの。2回目のデートでもまだホテル行きを渋る女がけっこういる。もしかして紳士の皮を被った悪い男かもしれないわと、とヤリ捨てを警戒しているのだろう。

そこでオレの作戦は、女どもの裏をかく。古本屋で数百円程度の感動系のマンガ本(「海街diary」「コウノドリ」など)を1、2冊買い、デートへ持参。メシを食っているあたりで何気なく差し出す。

「これ、最近読んだんだけど感動してさ。すごく泣けるんで貸してあげるよ。でも、絶対返してね、絶対」

こうしてマンガ本を貸し、そのあとは普通にホテルへ誘う。相手がこう考えてくれることを期待して。

―「絶対返してね」って言ってるから、また会う気があるんだろうし、

ヤリ捨てされることはないわー。
この作戦、打率は10割です。そしてもちろん、マンガ本をあげるカタチでヤリ捨てです。

（埼玉・35才）

AV男優ではなくセクシー男優と名乗ると優しいセックスをイメージさせやすい

婚活パーティや出会い系でエロ女を炙り出す方法を教えましょう。

職業を「セクシー男優」と自称するんです。ＡＶ男優だと名乗ると、会話に入る前から勝手に、顔射とか激しい手マンをする雑な男だと思われがちなので、セクシー男優にしておきましょう。「セクシー男優って何ですか?」となるので、ストレートにＡＶの仕事とは言わず「女性向けセクシービデオに出演してます。マッサージとか、女性が気持ちよくなれるようなテクニックが中心ですね」と返す。

当然、相手にしてくれない女もいますが、笑って応対してくれたり、面白がったりするような女は大チャンスです。エロに対して耐性があって、なおかつ気持ちよくなりたいという願望があるってことですからね。一度捕まえたら離さないくらいの意気込みでアタックしましょう。

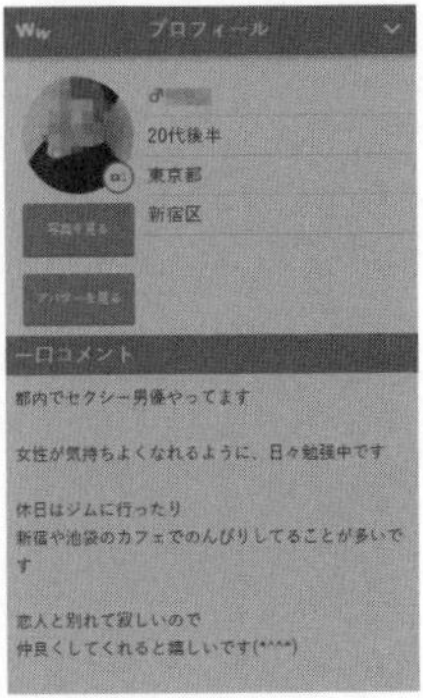
Ww
プロフィール
20代後半
東京都
新宿区
一口コメント
都内でセクシー男優やってます
女性が気持ちよくなれるように、日々勉強中です
休日はジムに行ったり
新宿や池袋のカフェでのんびりしてることが多いです
恋人と別れて寂しいので
仲良くしてくれると嬉しいです(*^^*)

最初からエロ目線での入りなので、ヤレるまでが格段に早いです。向こうも欲求をぶちまけてきて、思わぬ変態プレイができることも多いんでオイシイですよ。

（東京・39才）

下ネタに上手に誘導する方法、教えます

地元どこだっけ？からの初恋バナシ

一番シンプルなところだと、まず地元の話を聞くのがやりやすいです。「地元どこだっけ？」と聞けば、自然と幼少期から学生時代の話になる。「部活なにしてたの？　バレー部？　じゃ、男バレと女バレのキャプテンが付き合ったりするわけ？」

こんな感じで恋愛話に持ちこんで、本人の初恋の話をする。「じゃ、○○ちゃんの初カレ氏っていつのときだった？」ここまで来れば、初エッチの話から、性癖の話などに自然に流れることができますね。

ニセのエロ話

もう少し早めの展開がいいなら、ニセのエロ話をする作戦もあ

ります。

「この前大阪に出張に行ったんだけどさ、ビジネスホテルの部屋に入ろうとしたら、ん？　何か聞こえる！　ってなって。まあ喘ぎ声だと思ったんだけど、俺も大人だし、気にしないよって思って部屋に入ったんだよね。そしたら隣じゃんって」

隣の部屋から聞こえるカップルの喘ぎ声。しかもその声はどんどん大きくなってくる。振動も大きい。でも壁ドンするのも悪い気がしたので我慢した。

「〇〇ちゃんならどうする？」

みたいな感じで、こんなことがあったんだよ、聞いてよ、という流れなら自然だし、いきなりの下ネタでも許されます。

本人への質問ではなく「女子全般」への質問

自然に下ネタに誘導できたら、さらにもう少し具体的に、女の子にエッチの場面を想像させられれば、効果も上がります。

たとえば、先ほどの喘ぎ声の話の続きなら、

「仮にだよ？　俺と○○ちゃんが付き合ってて、家に泊まりにきたとするよね。そしたら愛を暖め合ったりするわけじゃん？　で、奥の方をズンズンされたりとか、気持ちいいとこをクリクリされたら、やっぱ声出るじゃん？　そういうとき、『はい、今から声出すの我慢して』って言われたら、女子って我慢できるものなの？」

こんな質問に女の子が「え〜？」って考えてるときは、エッチの場面を想像してます。

質問の最後に、キミはどうなの？　ではなく、女子ってどうなの？　と一般論っぽく質問してあげると、答えやすいです。

女の子も「女子的には…」と言いながら、自分のことを考える。こういった布石があれば、その後も、「ぶっちゃけ女子的には、好きな体位ってあったりするの？」などと突っ込んだ下ネタに拡げていけるわけです。

（東京・ネットナンパ師Ｓａｉ
公式ブログは http://enjoy151a.com）

勃起チンコを見せつけて「こんなになっちゃったよ」

女の子は誰だって、男が自分で興奮してくれたら嬉しいと思うものです。男を興奮させるだけの性的な魅力を持っている、女としてイケている、と考えるからです。

女の子に対し、自分が興奮していることをダイレクトに伝えたいのなら、勃起チンコを見せるのが一番です。

露出魔のように、初対面でいきなりナマの勃起チンコを見せても通報されるだけですが、ある程度、信頼関係のある相手であれば、ズボンの中で固くなったチンポを見せられれば、「私を見てこんなになったのね」と思わせる特効薬になる。

僕はいつも、女の子と食事の約束が決まったら、並んで座れるタイプの個室居酒屋を予約して、勃起見せ作戦を実行しています。

相手がいくらタイプの女の子だとしても、並んでお酒を飲む程度でチンポを勃たせるのは簡単じゃありません。

そこで、僕は居酒屋に入った直後

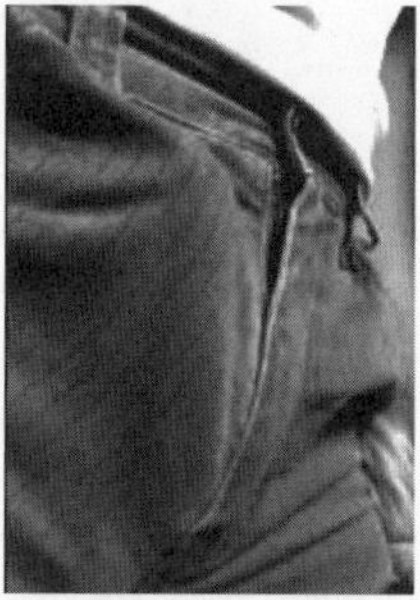

に、事前に用意した勃起薬を飲みます。30分もすればカチカチになってくるので、頃合いを見て「いてて…」と小芝居を入れ、勃起したチンポを指さす。

「興奮してこんなになっちゃったよ」

もちろん「え〜！　なんで⁉」とか「アハハ！　やめてよ」なんてリアクションが返ってきますが、相手には一瞬で意味が伝わる。性的な雰囲気を強烈に演出できるので、その後のホテル連れだしがラクになります。


（東京・38才）

ナンパバーに連れていくと女が頼れるのはツレの男だけ

ちょっとした規模の町なら、ナンパが盛んに行われていることで有名なバーがあるだろう。

店内にはギラついた男が跋扈しており、目を輝かせてターゲットを探している。仮に一人女なんていようものなら、もちろん放っておかない。それこそピラニアのような勢いで。

ぼくは出会い系にせよお見合いパーティにせよ、狙う女はどちらかというとウブなコが多いのだが、そういうタイプをオトすときは、あえてナンパバーへ連れていく。そして頃合いを見計らい、「電話してくる」と言い残し、女を一人にして外へ。10分以上時間をつぶす。

どうなるかはお察しのとおりだ。格好のターゲットになり、ピラニアだらけの川に落ちてしまうウブ女ちゃん。もちろんホイホイとナンパについていくわけもなく、対処に困っ

て不安を抱く。

そこに外から戻ってくるぼく。彼女は安堵し、少なくとも精神的には完全に寄りかかってくる。ナンパ野郎どもよりダサい男ではあっても、一緒に入店したツレってだけで〝身内感〟があるのだろう。

その後は彼女を守るように肩を抱くなり密着するなりして、イチャイチャ度合を増していけばいい。ホテル行きはもうすぐだ。

（東京・36才）

新・男のエロ知恵160　ヤル知恵

漫喫を知らない女はまさか完全個室だなんて想像していない

漫画喫茶に行ったことのないという女は意外にも多く存在する。会話の中でそれがわかれば大チャンスだ。気軽に誘ってみよう。

彼女らもマンキツがどんな場所なのか、なんとなくイメージは持っている。ブースが並んで、ソファに座って漫画を読むところだろうな、ぐらいの。まさかセックスできる場所だなんて想像力までは持っていない。

なので十中八九、断られることはない。ソフトクリーム食べ放題なんてことでもうたえば、ちょっとした探検気分で楽しそうについてくることだろう。

そんな女を『Ｄｉｃｅ』や『カスタマカフェ』といった完全個室フラットシートに連れ込む。女は驚くだろうが、かといって引き返すわけにもいかず、入室するしかない。

そこからは自力でなんとかしよう。ボディタッチから進めばなんとかなるはずです。

（東京・38才）

漫画喫茶に連れ込んで少し仮眠をさせればアラ不思議!

もし狙ってる女が、漫画喫茶に一緒に入るくらいはできる仲だとすればイイ方法があります。

まず選ぶべきは、フラットタイプのカップルシートです。密室系が望ましいです。

で、部屋に入ったらネットを見るなり漫画を読むなりして紳士的に接します。手を出す素振りも見せません。

そして次にゴロンと横になって「仮眠しよう」と眠ります。備え付けのブランケットでも使って、短時間でいいから眠っちゃってください。くっついて寝る必要はありません。本気で30分ほど眠りましょう。ていうか、女を眠らせることが肝要です。あなたは起きててもいいです。これを成功させるためにもアルコールの力は借りたほうがいいかもです。

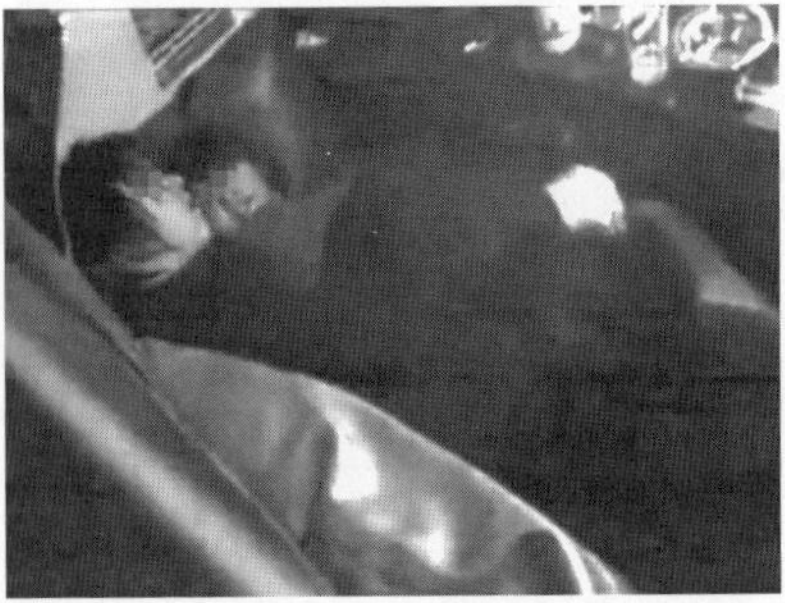

重要なのは起きてからです。そっと抱き寄せてキスでもかましてみましょう。なんと、抵抗されません。むしろ積極的に舌をからめてくることに驚くはずです。

そうなんです。女っていったん眠ったあとはウェルカムな状態になるんです。寝ぼけてるからじゃなく、神経が安らぐからだと思われます。お試しあれ。

（東京・37才）

ラブホを言い出しにくければ「ビジホのツインに泊まろうか」

終電せまる深夜0時。隣にいるのは、なんとなくラブホには誘いづらい間柄の女。ラブホと聞くだけでついてこないだろう。

こんなとき有効なのはこの誘いだ。

「ビジネスホテルのツインにでも泊まろっか。ラブホってのもヤラしくてあれだし」

密室に泊まるという意味では同じだけれど、ビジホの、しかもツインという部分に女は安心する。ベッドふたつなら何もする気はないのかもな、と。

OKが出れば、東横インにでも電話して予約しよう。いつでも空き部屋を教えてくれるし、料金も数千円と安く、深夜のチェックインも可能だ。

部屋に入ればツインだろうがなんだろうが関係なし。隣に寝転んでじっくり口説き落としてしまえばいい。

（神奈川・34才）

浅田真央の高級マットレスが疲れた体に訴えかける

しょーもない技だと思うかもしれませんが、けっこう実用的なことを教えます。

女の子と飲んでるとします。どんな流れでもいいので睡眠をテーマに会話を始めてください。そこで口にすべきはこんなセリフです。

「俺、浅田真央が使ってるとかいうマット買ったんだよ。10万円ぐらいするやつ。めっちゃ睡眠が深くなってさ」

へぇと感心されて、まあそれで終わりでいいでしょう。あんまり引っ張る必要はありません。

で、いざ終電も近づいて、さあ帰ろうかという段階で切り出します。

「なんなら泊まってく？　俺、床で寝るし」

あのマットで寝てもいいよ。

こんなので釣られる女がいるかって？　いるんです。しかも相当な数

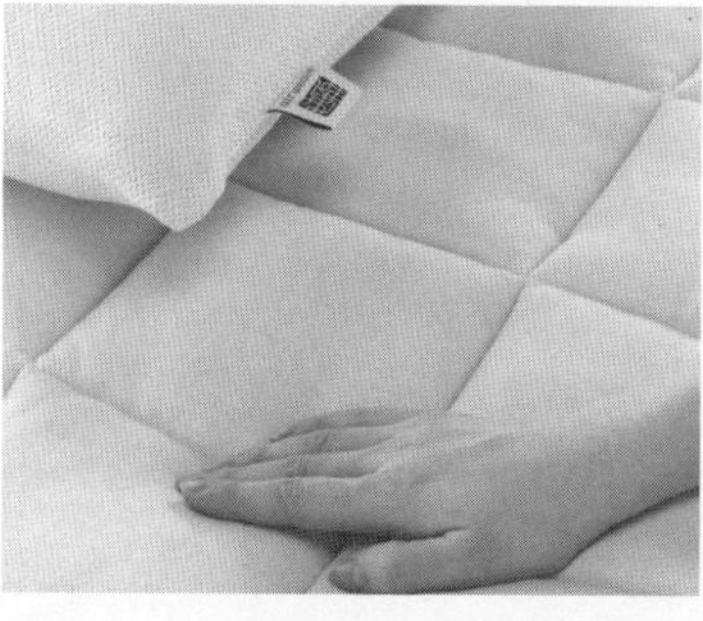

いるんです。

女は思うんでしょう。何もされないはずはない、きっとされるだろう、でも満員電車で帰ることと高級マットで眠れることを比較すればマットは捨てがたい、ひょっとしたらマットだけ味わえて何もされない可能性もある、それなら泊まっていいのかも、何かされそうになったらそのとき考えよう。

こんな感じなんじゃないでしょうか。これ、部屋で猫を飼ってるだとか、いいＤＶＤがあるなんて誘い文句と違い、「疲れたところに高級マット」という、肉体に訴えかけられるところがミソだと思ってます。

え、部屋に来たときどうゴマかすかって？　そんなの普通のマットレスでもバレやしないですよ。


（東京・29才）

新・男のエロ知恵160　ヤル知恵

君がツライだろうから ホテルへ行こうか

メンヘラはエロいとか、メンヘラはヤレるとか、そんなムードってありますけど、実際のところメンヘラって具体的にはどんなヤツなのかわからない、って人も多いんじゃないでしょうか。

ズバリ断言しましょう。ヤレるメンヘラとは、「社交不安障害（別名・ＳＡＤ）の女」です。

この病気は人が自分のことをどう見てるのか気にしすぎるあまり、外に出られなくなったり、うまく人としゃべれなくなったりする病気で、不登校とか引きこもりなんかの原因もこれが多いと言われてます。

この病気の女の特徴は、1対1で人と話してるときにはあまり発症しない点です。

友達が少ないから人との関係には飢えてるし、病気のせいで人の多いところでは人と会えない。つまり、会う場所は必然的に個室の居酒屋と

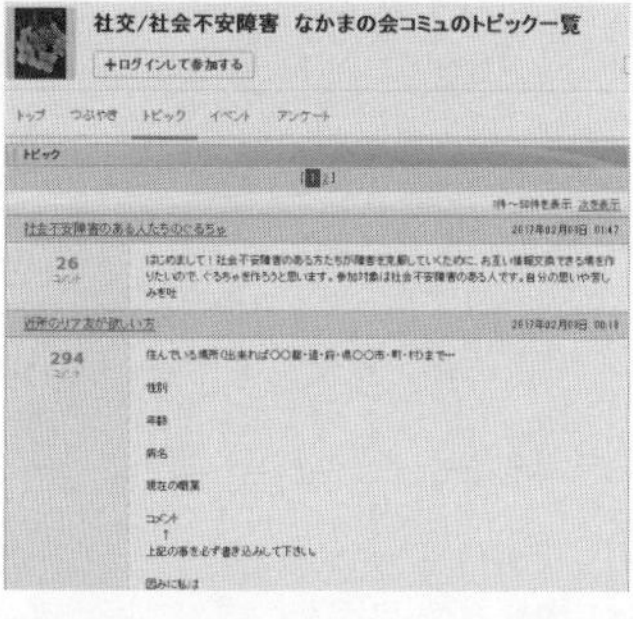

か漫喫とか、そんなところばかりになってきます。オイシイ状況ですよね。

ちょっと強引に攻めるなら「君がツライと思ってホテル取ったから、部屋で話そう」って手段も取れます。会話に飢えてるのか、こんなストレートでも拒否されることはほとんどないですね。

ｍｉｘｉやａｍｅｂａに行けば、この症状で悩んでいる人のコミュニティが沢山あるんで、ターゲット探しには事欠きませんよ。

（東京・44才）

誘いを断れない女。最近流行の捕獲場所は駅の中にあり

土壇場でセックスを断られないためには、そもそも押しに弱い女にアプローチすればいい。至極わかりやすいナンパセオリーだろう。

昔から狙い目だとよく言われているのは、路上のキャッチや宗教勧誘に足を止めているコだ。無視できずにしょーもない話を聞かされているってことはそういうタイプだよね、とナンパ師たちがこぞってターゲットにしてきた。

最近の注目ターゲットは、クレカ一体型交通系ICカード（ビューカードなど）の申し込みキャンペーンに引っ掛かっているコだ。

みなさんも、ターミナル駅の改札付近などで、ブースを作って勧誘をしているスタッフに声をかけられたことはないだろうか。

「電車に乗るたびにポイントが貯ま

りますよ」

「今なら、初年度の年会費無料で、お得な特典もつきますよ」

まぁ普通は無視して通り過ぎるだろうが、まれにいるわけだ。断り切れない感じでブースに招き入れられてしまう女が。

申し込みが終わるのを待ち、声をかけてやろう。ちなみに、ぼくはこの作戦で、２人とすんなりセックスできてます。

（東京・31才）

「朝までやってる」と誤解させ、深夜3時ごろ閉まるバーに引っ張り込む

相手が酒好き女なら、終電を逃させることはそんなに難しくない。「オゴってあげるんで、もう1軒行こうよ」と提案してやれば、誘惑にかられるものだ。

そのときポイントになるのは、向かう店の営業時間だ。朝までやっているバーとかなら、女も決心がつきやすいだろう。電車がなくなっちゃったら、そのまま始発まで飲めばいいし、と。

オレは、そんな心理を逆手に取っている。事前に深夜3時ごろ閉店のバーを調べておき、「もう1軒行こうよ」の流れで連れていくのだ。

もちろん女にはこう伝えておく。

「この店、終電後もずっとやってるんだよね」

ウソではない。ただ3時には閉まるわけだが。でも女は勝手に朝までやっていると勘違いしてついてくる。

閉店になれば、もはや行くアテはない。

「えー、朝までじゃないんだ？　じゃあ出るしかないね。てか、もうホテル行かない？」

相手はすでにたっぷり酒が入っている。同意しないはずがない。

（神奈川・33才）

終電を逃させるためには主要駅で飲んではいけない

終電を逃させることでホテル行きを目論む男は多いと思う。が、これが意外と厄介なもんで、飲み慣れた女はおおよその終電時間がわかってるもんだから、ギリギリで取りこぼすパターンに泣くことが多々ある。小走りで駅に向かう女を見送るときの徒労感たるや。

東京を例に、コツを教えよう。飲む場所は新宿や渋谷などのメインターミナルにはしないほうがいい。前述のように終電タイムを把握されてるからだ。

向かうべき店は、たとえば女が渋谷からの私鉄沿線に住んでいるなら、新宿から2駅ほど下ったあたり、中野や高円寺などがベストだ。

新宿0：25あたりに乗れば帰れると頭に入っている女は、じゃあ一駅隣の中野ならば0：10ぐらいに出ればいいか、と考えて飲みつづける。

ところがどっこい都心部の「上

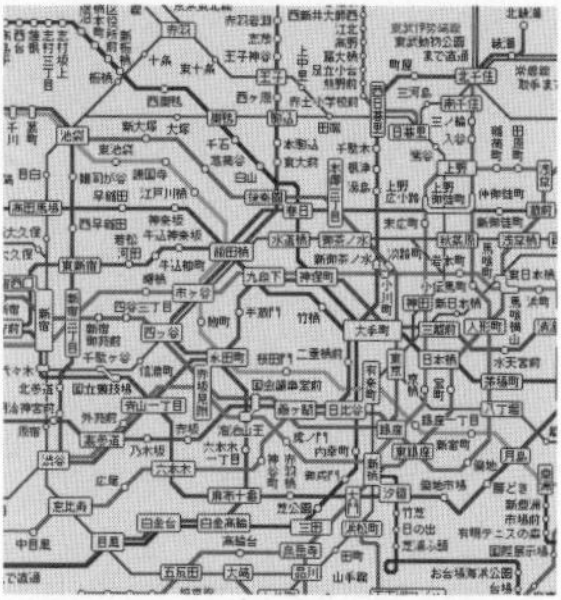

り」は終電が早い。そんな時間じゃとても間に合わないのだ。
鉄則はメインターミナルから少し下った駅で飲むこと。覚えておこう。

（東京・35才）

チンコ写真を自然な形で巨根にしてくれる

出会い系とか、変態系の掲示板とかで女とやりとりをしているとき、アホみたいな話ですが、巨根写真を送るとけっこうな食いつきを見せてくれるものです。

こんなデカチンなら一度お相手してみたいと考える女性は多いんですよね。いやホント、やってみればわかります。

その巨根チンコ写真ですが、勃起時10ｃｍちょいの自分でも、このアプリ（スプリング）を使えば簡単に偽装できます。

もともと女たちの「足を細く見せたい」とか「小顔にしたい」といった要望に応えて作られたもので、これで自分のチンコを撮影して、補正してしまうのです。

操作は簡単。勃起チンコをパシャっと撮って、画面上でスワイプ（指で広げたり、狭めたり）するだけです。実際にやってみるとチンコの長さだけでなく、太さも調整できる点

スプリング(Spring) - 体つき補正
専門アプリ
Sundaybugs 写真
広告を含む
このアプリはお使いのすべての端末に対応しています。
インストール済み
spring

がいいんですよ。それも違和感なく自然に補正できるので。コイツのおかげで何人の変態オンナたちと会えたことか！　まさに特効薬と言えるアプリですね。

（東京・41才）

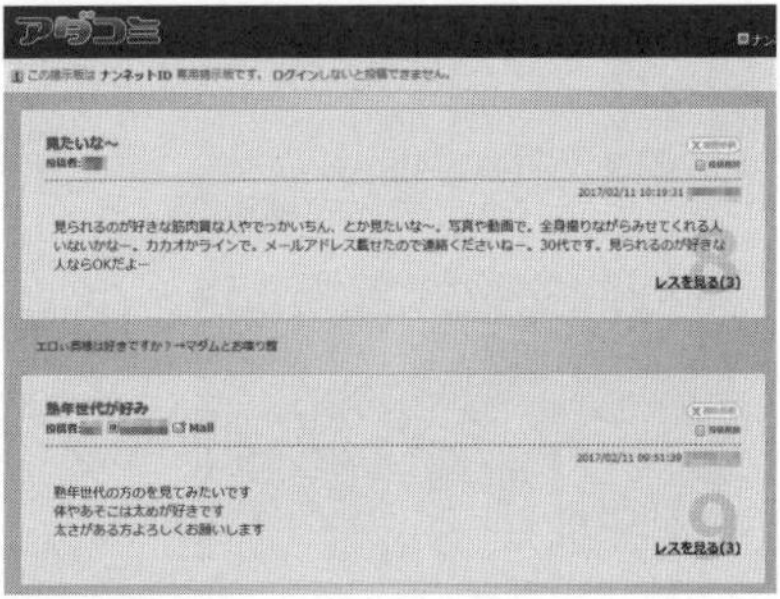

さりげなく お金持ちを装う 豪邸イヌ写真作戦

大抵の女の子は、金持ちを装えば、簡単に肉便器にすることができちゃいます。でも、あからさまだとウソっぽくなってしまうので、なるべく自然な感じで、お金持ちを装いたい。

まず用意するのは、お金持ちの愛犬家ブログです。そのブログで使われている写真から、なるべく豪華な調度品や、高級車などが写ったものを探し出して、携帯にストックしておきます。

で、出会い系なんかで知り合った女の子に、「犬飼ってるんだよね」とペットの話を振っておいて、この写真を送りつけます。

大抵の子が「これ自宅なの？　すごくない？」となる。

「まあね。家がずっと医者だったから」

こんな感じで、面倒くさそうに答えて、

「この子のママになってくれる女の子探してるんだよね」とか、

「家にいる時間が短いから、この子の面倒見てくれる人いないかな？」

と犬の話に戻って、暗に結婚相手

を探してる雰囲気をだしていくと、さっきまでとは明らかに相手のテンションが変わっていく。女の子の方から会いたいとアプローチしてきたり、私、愛人探してるんです、とストレートにお願いしてきたりする。

そういう子は簡単に会えるし、普通の居酒屋でご飯を食べただけで、ほいほいホテルについてきますよ。

（神奈川・39才）

プリウスに乗ってる日本人のためにわざわざ来日しちゃうタイの女たち

「タイキューピッド」って知ってますか？　タイ在住のタイ人とやりとりできる出会い系なんですけど、このサイトだと日本人がかなりモテるんですよ。

　信じられないかもしれませんが、チケット代を少し援助してやれば、男に会うためだけにタイから日本へはるばる来る女もけっこういます（これホント）。

　まだまだ日本人は金持ち、ってイメージがあるんでしょうね。玉の輿を狙いに来てる感覚なんでしょう。

　このサイトでタイ女を落とすための秘密兵器は、〝車と一緒に映ってる自分の写メ〟です。タイでは、日本車が猛烈な人気で富の象徴とまで言われているんですよ。それを持ってる日本人は、向こうからしたら資

産家みたいに見えるんでしょうね。これをプロフィール画像にするだけで全然食い付きが違います。

もちろん、実際に車を買う必要はなくて、レンタカーでＯＫです。ミドルクラス以上の日本車ならなんでもＯＫですが、無難なのはプリウスですかね。

タイの女をこっちに呼び寄せたら、滞在中は半同棲状態でやりまくり。しかもこっちが圧倒的に優位な状況なので、過激なプレイでも言いなりになってやってくれます。

チケット代を援助するので多少カネはかかりますが、この遊びは他じゃ味わえませんよ。

（千葉・44才）

確実に10才若返る奇跡のサギ写メアプリ

本当に驚いてます。46才の私が出会い系では35才で通用するんですから。プロフをねつ造してるだけではありませんよ。顔写真が35才に見えちゃうんです。

まったくすごいアプリ（B612）があったもんです。顔のシワやシミ、ホクロなんかがナチュラルに消えて、10才も若返るんですから。さらに言うと、光がほんわかするせいか、優しい雰囲気のイケメンに仕上がるんです。それも何度も撮り直しせずとも、ほぼ一発でキマるなんて。だから希望されれば何枚でも写真を送れるわけです。別人疑惑を抱かれる心配はなし。

いざ会ってみたときは、「印象と違う」なんて思われてるんで

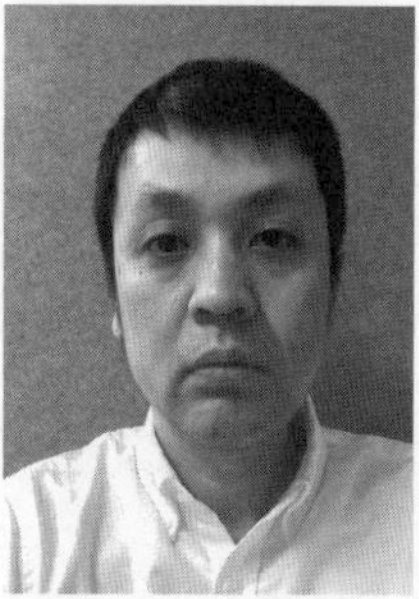

これが

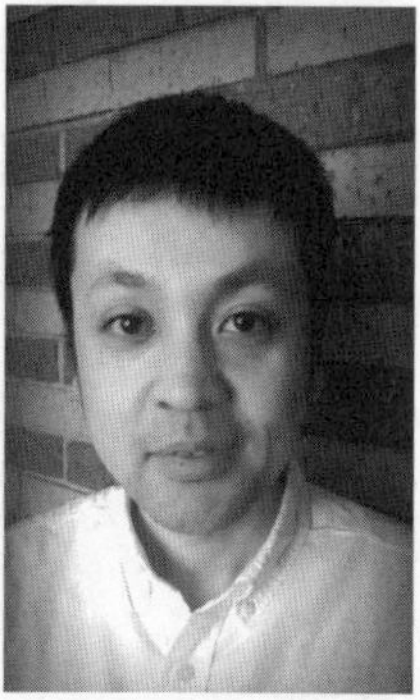

これに

しょうけど、出会い系ってのはおもしろいもんで、本人には違いないんだからそのままなし崩しでいけちゃうんですね。

　もうこのアプリなしでは出会い系に参戦できません。

（東京・46才）

イケメン写メで釣ってメールでオトして現場では当たり前のように抱く

20年ほど前に出会い系サイトができてから、ヤリチン君の数が劇的に増えた。これまで女を苦手としていた男すら次々とセックスをこなすようになった。身の回りにもいないだろうか。ダサ男のくせになぜか女に困ってないヤツを。

それは女がある習性を持っているからだ。すなわち、気持ちさえ持っていかれれば容姿なんて二の次、心が通じていれば体も許すという習性である。そのためメールのやりとりさえ上手にこなせれば、セックスは楽勝となったのだ。

ところがいま現在、女はちょっと打算的になっている。男の容姿を気にしだしたのだ。どうせならイケメンに抱かれたいってことだろう。

そこで我々はこう動かねばならない。まず導入は、他人のものでいいのでイケメン写真を使って女を釣る。そしてやりとりへ。エッチな内容を繰

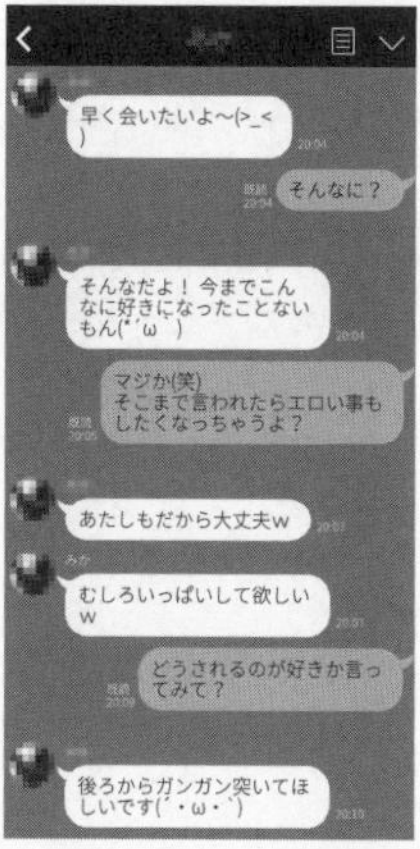
早く会いたいよ〜(>_<)
そんなに？
そんなだよ！今までこんなに好きになったことないもん(*´ω`)
マジか(笑)
そこまで言われたらエロい事もしたくなっちゃうよ？
あたしもだから大丈夫w
むしろいっぱいして欲しいw
どうされるのが好きか言ってみて？
後ろからガンガン突いてほしいです(´・ω・`)

り返しこなす。この段階で完全にデキあがらせてしまう。

それからアポへ。女の捨てがたき習性を思い出そう。心さえ奪われていれば容姿なんて二の次というアレだ。そう、メール段階で惚れさせてしまえば、アポにやってきた男がブサイクでも、面白いことになぜか女は身をまかせてしまうのだ。

イケメン写メで釣って、メールでオトして、現場では何食わぬ顔でホテルへ。バカボンに似た俺が100人ほど喰ってきた手法なので、これで間違いはない。


（千葉・37才）

タダでフェラ
させてあげます
逆転の発想!
リポート 大石洋二
千葉県在住、会社員、39歳
漫画 麻々花

こんなサイトが賑わうのは
乳首友達掲示板
乳首を愛する皆様へ
次の内容は厳禁です
①法律に違反する内容
②18歳未満を対象として書き込
純粋に胸を触られたがっている女がいるという意味だ
また、舐め好きな男のサイトにはクンニ希望女性が殺到していると聞く
この2つは男から女へ金が渡ることなく成立するのも理解出来る
女が快感を得るためのプレイだからだ
あっあん
あん♡
でも聞いたことないっすか？
もっとほひーの！
フェラで興奮する女もいるって話を
じゅぷ
じゅぷ
僕らはフェラを「してもらうもの」と思い込んでるから
出会い系にこう書き込んでしまうけれど
OOOOOOOO
5千円でフェラしてくれる子いませんか？
女がフェラ「したがってる」と考えれば
OOOOOOOO
タダでフェラさせてあげます
これも成立するのでは？

実は僕このカキコミで今までに2人にしゃぶらせてるんですよ
募集の時に意識したのは女のキャラです
興味を持ってくれるとすればMッ気の強いコでしょう
だから文面はそんな相手がプレイを想像できるように書きます
フェラさせてあげます。嗚咽するほど舐めたい女性いませんか？アナタの口の中で熱く固くなっていくチンコ、先端からはガマン汁が溢れ、裏スジもピクピク。存分に味わってください。くわえ方がいまいちだと、頭を持ってガッツリ押し込み、イラマチオをしちゃうかも‥‥。これを見てウズいちゃったアナタ、お会いしませんか？
紳士的な人間であることもアピール
場所代は負担しますし、もちろんそれ以上のことは絶対しません。
こうして作った文章をあちこちの出会い系サイトにコピペしまくるんです
すると…
①
ピンッ♪

ん？
フェラしたいです。
まだ募集して
ますか？
http//www.
来た！
ニックネーム
mika
年齢
20才
職業
学生
二十歳か！
もちろん半信半疑
だったんですが
ソワ
ソワ
やってきたのは
至って普通な
感じの子でした
mika
ちゃんかな？
…はい
緊張してる？
…ちょっと

じゃあそのへんの完全個室のマン喫でいいかな？
大丈夫です
インターネット&まんが喫茶 6F 営業24時
よくサイトで人に会ったりするの？
2人目です…でもこういうのははじめてだけど
ふ～ん…
ニヤ ニヤ
じゃあさっそく
はい、どうぞ
……
咥えていいよ

パクッ
大きくなってきたでしょ?
クイッ
クイッ
舐めるの好きなんだ?
…ふぁい
ガポッ
ガポッ
ガポッ
じゃあもっと奥まで咥えなよ
ん…んんっ
うえぇっ

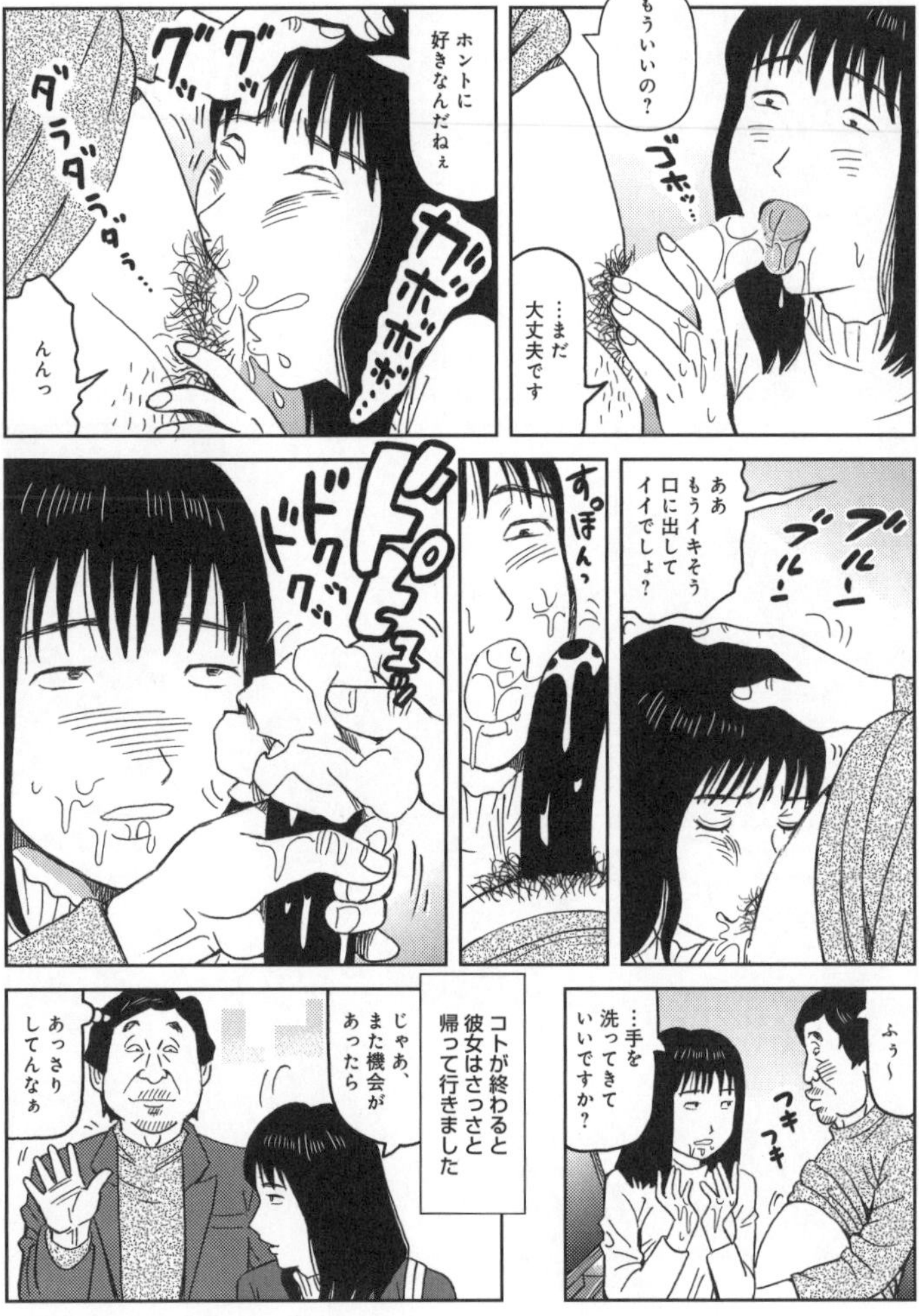
もういいの？
ゴホッ…
…まだ大丈夫です
ホントに好きなんだねぇ
グッグッ
ダラダラダラ…
カポッポッポッ…
んんっ
ああ もうイキそう 口に出してイイでしょ？
ブルーブルー
すぽんっ
ドクドクッ
ふぅ～
…手を洗ってきていいですか？
フキフキ
コトが終わると彼女はさっさと帰って行きました
じゃあ、また機会があったら
あっさりしてんなぁ

2人目の子も普通っぽい感じでした
どうも
雰囲気も
あ…はい
フェラ好きなの?
…そうですね
緊張してるところも
インターネットコミックカフェ
24 OPEN
このビル 2F
じゃあ、好きに舐めて貰っていいよ
はい…
ゴロン…

フニュ…
チロ…
チロ…
何かこうして
欲しいとか
あったら
言ってよ
言葉攻めとか
しようか？
チロ…
…はい
ほら、裏スジを
ゆっくり舐めて
ツツ〜
タマも舐めて
好きなんだろ？
ペロ
ペロ
先っぽをぺろぺろして
ペロペロ
好きなんでしょ？
…はい
グイッ
グイッ

ほら、こういうの
したかったんでしょ？
グイッ
んんん…
ガボガボッ
ううぇ！
いいわぁ
んんっうぅぅ！
グイ グイ グイ
出るよ
このままいいね
カポッ カポッ
んっ！
あぁ～！
ドピュッ〜
満足した？
フキ フキ
…はい
完全に
フェラだけ
したい子って
存在する
んですね

第2章

フーゾクの知恵

事前にこうしておけばローション風呂も拒まれない

漫画………麻々花

ディープキス しながらの射精って、意外と経験なくないですか？

ヘルスも遊び慣れてくると、ハイレベルなテクニックを持った女の子に素股でイかされても、口内に発射したとしても、大きな感動が得られないものだ。帰路につくときのあの虚しさたるや、誰しも経験があるだろう。

このマンネリ感を打破するには、ディープキス&手コキフィニッシュしかない、と俺は考える。

「ちゃんとしたディープキスを頼むよ。基本プレイなんだからできるよね？」

最初のうちに、このように女の子に念押ししておき、フェラや素股を経て、絶頂が近づいてきたら、「本気でキスしながら、手コキして」とお願いする。

熱のこもったディープなキスをされながら絶頂に導いてもらったときの充実感たるやハンパじゃない。肉

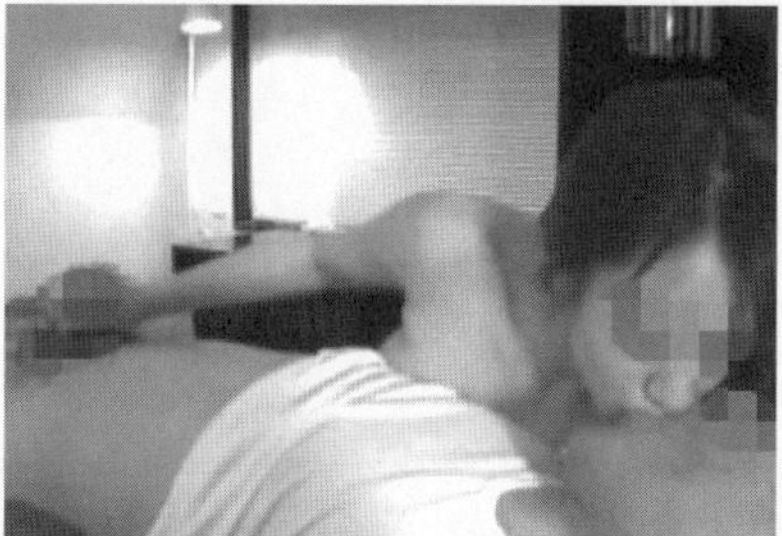

体の快感よりも、精神的な喜びこそが大切なのだと気付くはずだ。

この作戦、手コキ専門店ではディープキスNGのため通用しない。ヘルスだからこそ使える贅沢なフィニッシュ法だ。

普通コースでも汚いチンコを即尺させる方法

即尺プレイの醍醐味は
こんにちは
じゃ、失礼しま～す
まだシャワーも浴びてないのに…感激！
ううっ
パクリ
汚いチンコを舐めさせる喜びだ
でも即尺してくれるお店は少ない
普通のお店で、即尺してもらえたらなあ
そんなときはホテルに入ったらバスローブに着替えて
髪の毛を濡らして
バスタオルも湿らせて掛けておく
これでよし
302
ピンポーン
女の子が到着したら
こんばんはー
先にシャワー浴びといたよ
えーそうなんですね
じゃ、うがいだけお願いしますね
はーい
んー
汚いチンコを舐めさせることができました
洗ってないのにバカな女め！

漫画………和田海苔子

意識低め手コキ嬢の両手を片時も休ませない方法

ヘルスやソープといったガチの風俗に比べ、手コキ店は女の素人率が高い。大学生やOLがバイト感覚なのは醍醐味のひとつだが、だからこそ注意も必要だ。

職業意識が低いだけに、こちらがあーしてこーしてと指示すると、機嫌を損ねがちなのだ。そんないろいろ言われてもできないし、もう疲れたよ、と。

では、どうすればいいのか？　手コキ嬢に上手く指示する方法はないのか？

オレの答えは、手首に装着できる『ウォッチ万歩計』（3千円程度）だ。そいつを2つ準備してプレイに臨む。

「こんなの持って来たんだけど、ちょっと両手につけてくれないかな？　シコシコ回数を計ったらオモロイでしょ？」

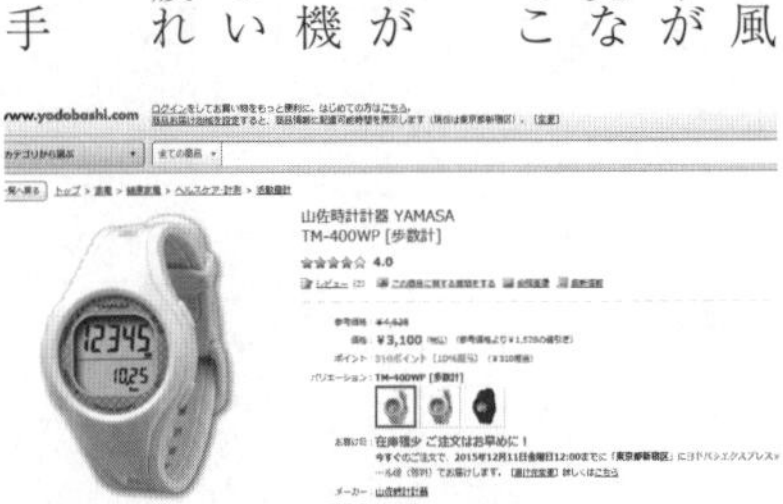

装着させてしまえば、ゲームノリで指示を出す。

「いいね、数がどんどん伸びてるよ。ほら、左手も動かして、乳首攻めていこう。途中、タマ揉みも挟んだらいいじゃないの。両手合わせて1000狙おうよ」

実際には数がどうこうはどうでもよく、狙いは手を動かし続けさせること。これがよく効くんです。

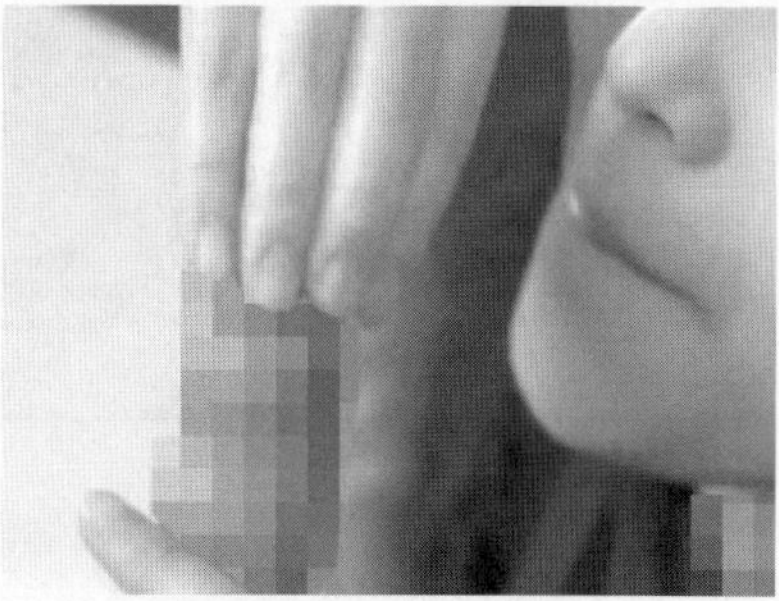

フーゾク嬢なんて全裸になればみんな一緒だと思いませんか?

漫画………倉橋光男

セクキャバ嬢のミンティアを使って乳首スースーを楽しむ

セクキャバ嬢が必ずといっていいほど持っているブツがある。『ミンティア』というお菓子だ。

食べると口の中にスーっと爽快感が広がり、テレビでも「息、瞬間リフレッシュ」なんてキャッチフレーズで宣伝されているため、女どもの間で口臭防止グッズとして流行っているようだ。

そこでオレ、セクキャバに行ったときは女の子に尋ねる。

「ミンティア持ってたら、もらえないかな？」

エチケットに気を遣っているフリをし、相手がミンティアを取り出したところで本題を切り出す。

「このスースー感、3コくらい一緒に食べたらすごいんだよね。ねぇ、ちょっと食べてみ？」

とにかく上手く言って何個も一気に食べさせる。何がしたいのか。

セクキャバはオッパイを楽しむ店だが、キスや乳首を舐めるくらいのことはやってもらえる。ミンティアを3つ以上も放り込み、強烈にスースーした口でチューチューペロペロしてもらうと、それはそれは気持ちいいってわけだ。

精液よりガマン汁をたっぷり出すほうが気持ちいいという考え方

漫画………坂本千明

ロリ系漫画にありがちなあのセリフを口にしてほしい

Sキャラをウリにした風俗嬢ならば、「こんなにチンチン大きくなってる」「ガマン汁が出てきたよ」てな言葉は放っておいても言ってくれるものだが、いま我々が求めているのはその先、Mキャラ嬢に同種のセリフを言わせることだ。

「透明な汁がいっぱい出てます」

「オチンチンかたくなってます」

いわばロリ系漫画にありがちな萌え台詞だ。

手法は単純。

「ですますで実況してみて」

プレイの途中でこうお願いするだけで「乳首が立ってきました」「チンチンの先っぽから汁が滲んできました」「チンチンがクリに当たってます」などと、見たまんまを口にしてくれるので、睾丸ゾクゾクだ。

本気で乱れさせるためのアルコール攻撃三か条

お仕事モードのフーゾク嬢を本気で乱れさせるにはコツが必要だ
ヒー！オマンコもっと舐めてー！
まずは店の個人写メ日記で酒好きを公言している嬢を探す
マキ
焼酒
お友達からこんなプレゼントを頂きました。おかげで毎日楽しく晩酌してまーす。
ターゲットが決まったら勤務終了時間に合わせて予約を入れ
マキちゃんって午後9時が最終受付ですよね？その時間に予約入れたいんですが
最後に…
いらっしゃいませー
コンビニ
酒 たばこ
アルコール度高めの酒を用意
ド
ストロングゼロ
はじめましてーよかったら一緒に飲まない？
酒好きでこの後に仕事がないのなら相手に断る理由はない
えーいいんですか！ありがとうございます
ぷはー、最高だわ
結果、素の状態でエロにのめり込んでくれる
もう気持ち良すぎて我慢できないよ〜お願い、入れて！
むひひ

漫画………室木おすし

ピンサロのおざなりフェラを回避するためローターを持参せよ

ピンサロって、特に回転系の安いとことかだと機械的で味気ないフェラになることが多い。そりゃ嬢にとっては数百本、数千本しゃぶってるうちの1本にすぎないんだろうけど、客からすればもうちょっと気合を入れて舐めてほしいものだ。

そんなおざなりフェラを回避すべく試行錯誤を続けた結果、非常にイイ手にたどりついた。

ピンサロに行くとき、カバンにローター、もしくは電マ（電池式）を忍ばせておく。入店して女の子がやってきたら、この一言だ。

「良かったらコレを自分のアソコに当てながら舐めてくれる？」

女の子の反応は様々だ。「楽しそう」みたいにノリノリだったり、「あ、わかりました」と素っ気なかったり。使いたくないと断られることは少ないが、衛生面でイヤがる子もいるの

で、ローターに被せるためのコンドームも持っておいたほうがいい。

つまり女にオナらせながらしゃぶらせるということなのだが、これによりフェラに自然とチカラが入ってくる。ただのお仕事モードからほんの少し、プライベートエッチに近づいてくる感覚だ。単純なコツだけど効果は大きいので是非やってみてほしい。

どの職業を目に焼き付けてからコスプレ店に向かうべきか?

僕のフーゾク遊びはいつもここから始まります
お待たせしました
デリヘルナビ
メイド♥天国
お待たせしましたご主人様
うんうん
そう、メイド喫茶の店員とエロプレイを
してるような錯覚を味わおうというわけ
単純と思うかも知れませんが
もしこれが看護師か何かのコスだったらさほどの感動はありません
なぜならそれは風俗嬢が単にコスプレしてるだけだから
つまり〝本物だ〟と妄想しにくいのです
しかしメイド喫茶の店員はそもそもがコスプレであり
おかえりなさいませご主人様
その世界観も架空のものです
だからこそ風俗嬢のコスプレもメイドと同一視しやすいんです
本物のメイド喫茶店員にされてるみたいや〜〜!

漫画………サレンダー橋本

絶対に断られない濡れTシャツプレイでお得な気分を

濡れたシャツの女がエロいと思うのは、私だけじゃないはずだ。シャツがピタリと吸い付いて肌が透けて見えると、素っ裸の女よりもエロく見えるのはどういうわけなのか。

理由はどうあれ、せっかく風俗に行くのなら、女の子に濡れシャツ姿になってもらうしかないだろう。

おれはカバンの中になるべく薄い生地のTシャツを忍ばせてヘルスへ行って交渉する。

「シャワーのときだけでいいから、このTシャツ着てくんない？　シャワー終わったら脱いでいいし」

断る女の子はほぼいない。断る理由もないし。

Tシャツ一枚になった女の子とシャワールームに入ったら、身体を洗ってもらいプレイ開始。

Tシャツ越しに、石けんでヌルヌルになった嬢の身体をまさぐったり、

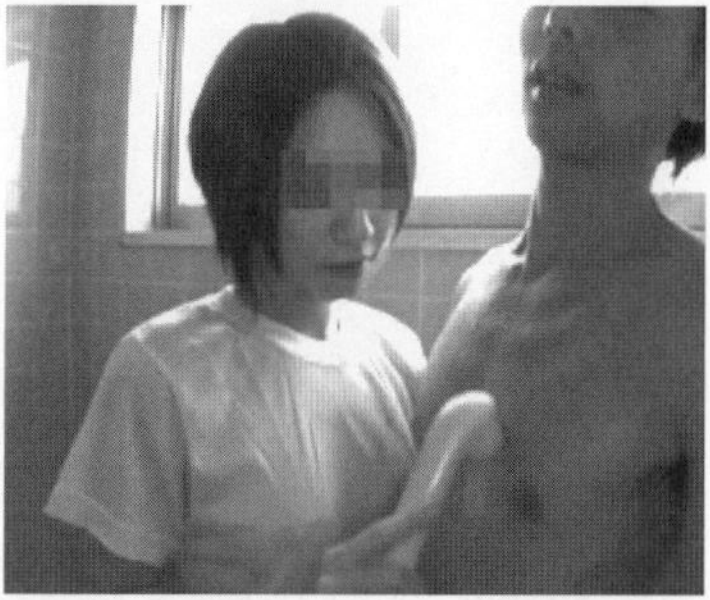

シャツをめくって舐め回したり。まるで痴漢してるかのような興奮が味わえるのだ。ローションを嫌がらない女の子なら併用してもいい。

マグロのワリキリ嬢がヤル気になる魔法の言葉

漫画………くみハイム

短期出張と偽って翌日の指名を期待させる

デリヘル嬢ってのは現金なもんで、一見客、つまり今後の指名の見込みがない客に対しては実におざなりなプレイに終始してくるもの。

私はその心理を逆利用し、出張ビジネスマンを装っている。

まずデリヘル嬢がやってきてカネの受け渡しやらなんやらが終わったところでこう切り出す。

「大阪から出張で来ててさぁ。あと3日もこっちに泊まらなきゃいけないんだよね」

「そうなんですかぁ」

「うん。でもキミ素敵だなぁ。明日かあさって、もしくは両方とも出勤してる？　良かったら毎日呼びたいんだけど」

連泊なので翌日以降もデリヘルを

使うつもりだと伝えるわけだ。

これによって嬢は考える。コイツを喜ばせれば明日あさっての指名がゲットできる。よっしゃ、気合入れてプレイしてやろうか。

普段は適当にやってるであろうフェラやら素股も頑張ってくれるし、女の子によってはコチラから言わずとも本番させてくれることだってある。

単純に「明日もお願いしようかな」と言うよりも、出張族であると言ったほうが、嬢はこちらの指名を期待してくれるものだ。

リピートを約束するなら3日以内が鉄則である

たまんねぇ〜
このプレイはもう一度味わう価値あり
ジュポ
ジュポ
ゼッタイまた来るよ！
リピートを誓ったときはどう行動すべきか？
いい子ついた？
よかったよ。また来週にでも来たいな
だいたいの男はどういうわけかリピートを"また来週"にしがちだ
ニヤリ
しかしオレは3日以内に足を運ぶ
あっ！
一昨日来てくれたばっかりだよね？
ス
別にフツーのペースでしょ
こいつは他の客と違うと思わせるわけだ
ありがと〜
レロ
やっぱり堪らんなぁ
ジュッポ
ジュポ
そんなとこまでやってくれるの〜
レロ
レロ
結果、素晴らしいサービスを受けられるんですな

漫画………松田望

店を通さない「裏っ引き」の知られざる交渉術

フーゾクには「裏っ引き」という用語がある。店を通さず女の子に直接カネを支払ってプレイすることで、客にも嬢にもメリットがある、とされている。

が、実際のところ、フーゾク嬢に裏っ引きを持ちかけても「お店にバレたらクビだからゴメンね」と断られることが少なくない。

もちろん店バレ云々はただの口実だ。彼女たちの本音は、

「オフ日にお金を稼げるのはうれしいけど、ダラダラと客に拘束されるのはマジ勘弁！」

その店の60分コースの金額しか払ってないのに、女の子を3時間でも4時間でも平気で引き留めてくる客ばかりという現実を彼女たちは経験的に、あるいは噂として知っているのだ。

だから俺は60分コースの料金で裏

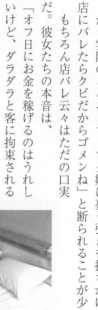

っ引き交渉をする際、いつも必ずこう付け加える。

「会ってからきっかり2時間で帰すから」

最初の段階で所用時間を明言して、嬢たちの不安を取り払ってやるわけだ。

とにかく、この提案の仕方でOK率はグンとハネ上がる。俺自身の経験でいえば、ほぼ100%だ。

初対面の嬢のテンションを上げてサービスも良くする方法

ショートケーキをデカ箱に

お店に行く前に、ちょっとお高めのケーキ屋でショートケーキを1個だけ買います。ポイントはその店の一番大きな箱に入れてもらうこと。どのお店もたいてい無料で用意してくれます。

きっちりリボンで梱包してもらい、そいつを対面した嬢に差し出します。

「これ、みんなで食べてよ」

「すごーい！　〇〇のケーキじゃん！　こんなにいっぱい？」

パッと見は、高級ケーキ10個入りなので、太っ腹な男だと思ってくれ、サービスアップに繋がるって寸法です。

叙々苑弁当

風俗嬢への差入れに、お茶やケーキを持っていく人は多いと思うが、俺のチョイスは叙々苑弁当（2100円）一択だ。

これだけで女の子はアホみたいに喜んでくれるし、金持ちだと思ってくれる。そんなアホなと言うことなかれ。リピートに繋がるからと本番率もめちゃくちゃ上がるのだ。

ただし、新宿や六本木の子にはたいしたことがないとバレるので、赤羽や蒲田あたりの郊外店の嬢を狙うのが正解。

入浴剤やボディクリーム

風俗嬢は1日のうちに何度も何度もシャワーを浴びるので、皆さんお肌がカピカピです。そんな肌荒れの彼女たちが一番喜んでくれるのは、ボディクリームや保湿入浴剤などの差入れ。ちなみに無香料がベストです。ちょっといいヤツを選んでおけば、まあ喜んでくれるのなんの。サービスも段違いにアップです。

新品のバスタオル

自宅にデリ嬢を呼んだとき、彼女たちが一番滅入るのは、シャワールームとバスタオルの汚さだそうです。

シャワールームは掃除すればいいけど、バスタオルまで気が回る人は少ないのではないでしょうか。長く使っているバスタオルは、自分で考えている以上に薄汚れています。なので僕はいつもクリーニング済みのバスタオルを用意しています。

嬢が風呂に入るところで袋から出して手渡すと、一気に機嫌がよくなり、プレイも濃厚になる気がします。お試しを。

フリーで呼んだ女に「指名してよかったよ」

フリー嬢は、総じてモチベーションが低い。どうせ今日しか会わない客だし、適当に抜いて終わらせちゃおう、ってな具合だ。が、次の一言を伝えるだけで彼女たちのテンションは一気に上がる。

「○○ちゃんだよね？　キミを指名してよかったよ～」

彼女たちは、「店員からフリーと言われていたけど、間違いだったのかな？　指名してくれたなら頑張ろうかな」と思ってくれる。ポイントは、女の子がお店へ入れる到着報告の電話が終わったあとに言うこと。その前だと、指名料や手配ミスの話になって面倒だ。

話題は店員について

初対面の風俗嬢との会話で、鉄板で盛り上がるネタがある。ドラマやゲームではない。スタッフの男に関する話題だ。

「あの受付の小林稔侍みたいなオジサン、目が血走ってたけど大

「あのお兄さんボソボソ何しゃべってるのかわかんないんよね」

スタッフの特徴やら口癖などについて、一緒になってからかうようなノリ。これが仲間意識を生んで、プレイもいちゃいちゃ感が増す。

女ってのは小学生のころからずっと悪口大好きな生き物。特に閉ざされた空間にいるフーゾク嬢なんてのはその傾向が治らないものなのだ。


丈夫？」

体毛を剃っておくと感度が100倍アップします

漫画………和田海苔子

たっぷりフェラやアナル舐めをしてもらうには?

漫画………大串ゆうじ

ランキング下位の女のライバル心をくすぐる

ヘルスで遊ぶときは、いつもランキング上位嬢を指名する
なぜか？
よろしくお願いしまーす
本人よりランキングが上の女の話を語り
オレ、いつもは3位のチカちゃんを指名してるんだけど
ただし、トップ嬢には興味ない
あえて2位、3位、4位あたりの女を選ぶ
チカちゃん、人気ですよね～
揺さぶりをかけたいからだ
でも、キミもすごくいい感じだよ
舐めるの上手いねチカよりいいかも
ほんとですかぁ～
……
で、素マタが始まったあたりで
…チカはいつも本番やらせてくれるんだよなぁ
特別だよ～だからまた指名してね
ライバル心を燃やしてヤラせてくれるんですね

漫画………シライカズアキ

本番用コンドームをさりげなく着ける方法

漫画………大串ゆうじ

本番を拒まれるのは穴の手前でまごつくからだ

漫画………麻々花

激安店で1日2回も指名してくる客が好かれないわけがない

漫画………なかむらみつのり

足指を舐めさせたい？ ならば待合室でぼーっとしてちゃいけません

漫画………くみハイム

"暖気運転"でプレイ初っ端から興奮がっつりマックスに

漫画………シライカズアキ

格安で遊びたければ「プレオープン」で検索すべし

新規オープンしたばかりの風俗店は、料金をぐっと下げているものだ。

〈新規開店につき、40分9000円→6500円〉

〈期間限定オープン価格。5000円ぽっきり！〉

儲けはまだ考えておらず、まずは店に来てほしいんですってな意図なんだろう。その際、よく謳われるキャッチフレーズが、『プレオープン』というキャッチフレーズだ（※プレ＝始まる前という意）。

で、2、3ヵ月経つと、キャッチフレーズを『グランドオープン』にチェンジし、価格を引き上げるのが一般的だ。

そこでオレは、風俗遊びをするときは、こんなふうにネット検索する。

「プレオープン　デリヘル　新宿」

「プレオープン　ピンサロ、渋谷」

お手頃価格の風俗店が簡単に見つかるってわけだ。

このビジネスホテル、デリヘル呼べるのか？と迷わないために

漫画………くみハイム

レビューサイトで「本番」を意味する隠語集

風俗マニア御用達の口コミサイトで
日本ピンサロ研究会
本番OK嬢を見つけるテクニックです
あ～ん入ってる～
ゆさゆさ
彼らは本番できても店への迷惑を考え、素直には書きません
カチャカチャ
そこで注目すべきキーワードはこれ「書けません」
素股に移行し、騎乗位から正常位、最後は…これ以上は「書けません」（笑）最高の時間でした
これ「過剰サービス」
勢いに乗った嬢に「過剰サービス」していただけました
これ「スペシャルサービス」
ご存じの通り「スペシャルサービス」のオプション嬢が多いのも特徴です
これ「ハプニング」
成り行きで「ハプニング」系の素股をしてしまいました（笑）
「基盤」や「合体」などの基本ワードもさらっておきましょう
2回戦目だったので半勃ち気味でしたがどさくさで「合体」することができました
これら全部こういうことを表しています
あーん
うっ、締まる…

漫画………和田海苔子

中級以下ソープのナマ中OK嬢は簡単にわかります

総額5万円以上するような高級ソープランドは、たいていがゴム無しでの膣内射精ＯＫとなっているが、中級以下となるとナマ中嬢はそうはいない。

そこで、ソープ好きなら誰でも知っているナマ中嬢判別法を教えよう。

ホームページの指名写真の名前の横に☆マークがついていれば、それはナマ中ＯＫを意味している。「真由美☆」「マリヤ☆」のように。

店によっては☆マークとは限らず、ハートだったりキスマークだったりするようだが、とにかく嬢によってマークがあったりなかったりするので一目で判別できるだろう。

ソープランドって親切ですね。

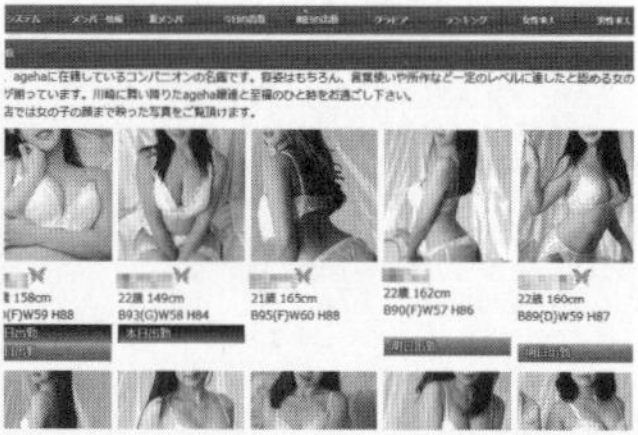

スタッフだって人間。アタリ嬢の紹介文は自然と長くなる

風俗店のホームページから女の子を選ぶときに、アタリ嬢を見極める方法はないか？

宣材写真は修正がかけられているのでアテにできない。見るべきはプロフィール文だ。

A子『ツヤのある黒髪が印象的なかわいこちゃん。優しく包まれる雰囲気はまさに癒し系♪』

B子『未経験18才の清楚系ＪＤが入店しました！　優しくリードしてやって下さい』

C子『目鼻立ちくっきりの美人お姉さんです。スタイルはスレンダーで、清楚でおしとやかな佇まい、だけどちょっと天然なところもあります。かわいいです♪色っぽい大きな瞳で見つめられるとドキッとしちゃいますよ』

この中だと、アタリはC子になる。

店長コメント

なんといっても若い！カワイイ！細い♪
もうこれだけで十分なんじゃないかと(笑)
思いきや気さくで礼儀正しい女の子です^^

目鼻立ちがキレイな美人顔なので、
少しキツそうに感じられるかもしれませんが、
話してみると時折見せる少女の笑顔に
グッと心を掴まれます。

“ツンデレ”の気もあるんでしょうか。。。
もし『冷たいな。。。』と感じられたお客様には
ぜひ少しだけ頑張っていただいて、
彼女の笑顔を見ていただきたいものです。

おススメです！

なぜそう言えるのか？　そもそもプロフィール文なんてスタッフが書いた宣伝なんだし、アテにならないだろうと思われるかもしれない。

しかし、ポイントは文章の分量である。スタッフも人間だ。本当にイイ子のプロフィールを書くときは筆も乗るだろうし、そうでないときは短めになるもの。この法則、間違いありません。

店長コメント

当店を代表する完全正統派清楚系「なつひちゃん」はルックス、スタイルサービスどれをとってもまさにパーフェクト☆

例えば…
学年に必ず一人はいる、ルックス抜群、勉強もできてスポーツもできる、更人当たりも良いそんな憧れの存在…
僕はそんな憧れの存在を諦めきれず小学校6年間何度もアタックしてはその苦渋を味わ…あw
…失礼しました。
そんな高嶺の花が大和撫子に狂い咲いてます。

エッチとイチャイチャが高次元で融合された「恋人」感覚は垂涎の一言
僕はその感覚に飢えていますのでほしいほしい羨ましいとは思ってましたが、、、
まさかこれほどとは…リピーター様の増加がとまりません！
貴方様の心の声が聞こえてくるようです
「本当にいいんですか？」いいんです。
どうぞご存分に…
ご予約必須の至高のひと時♪
自信を持ってオススメします！

『写メ日記』で信用できるのは本人じゃなくて同僚だ

フムフム
CLUB69
MEMBER
カチカチ
フーゾクのプロフ写真ほどあてにならないものはない
このコ良さそうだな
よし!
おまたせしました〜
…
ラブホテルで待ってたら似ても似つかないブーちゃんがやってくる
だが『写メ日記』は信用できる
自ら写真をアップしてるためリアルな姿が見られるのだ
一人ラーメン来ちゃいましたぁ❤
その中でも、より信用できるのがこういう日記だ
Aの日記
Bちゃんと二人で夜景なう!
A
B
日記の書き手ではなく登場してる同僚の子を見てみよう
Aは写真加工アプリなどで多少修正を入れている
しかし同僚のことまでは気にかけない
このコにしようか
つまり『写メ日記』に出てくる同僚はリアルな姿というわけだ
こんばんわ〜
ヨッシャ!

漫画………丸岡巧

女の子の美醜はプロフィールの出だしでわかる

風俗店のホームページに掲載されている女のプロフィール文は、どういう書き出しかによって、美人かどうかが判別できる。

「正統派美人オネーさんが～」
「北川景子にそっくりの～」
「とんでもないカワイコちゃんが入店しました～」

こんなふうに、容姿の良さから書き始められている場合は、アタリだ。風俗嬢の価値は、何と言っても見た目。自信があるから最初に書くのだ。

故に、書き出しが容姿以外の場合は要注意。

「Dカップ巨乳ちゃん～」
「くっつきむしの癒し系～」

★メッセージ
『平井 理央』アナウンサー風の綺麗系の女の子です！！

[redacted]ちゃんかなり可愛らしいお顔をしております！！
激似とまではいかないですが、
『平井 理央』系、少なくても美人、いや可愛いアナウンサーとして局アナのお仕事をしていても
何の違和感もない子ですよ♪

とにかく、お顔に関してもどの男性にも高評価・好印象を頂けるのではないでしょうか？
そしてこの子は性格もいい子ちゃんなんですよね～♪
その可愛いお顔は勿論、性格もここまで可愛いともう好きになっちゃいますよ！？
ええ、その笑顔に癒されちゃいます♪

もう下手なアロマとか、マイナスイオンとかなんかより全然「あゆみ」ちゃんの方が癒されちゃいますよ！！
お客様ご自身で是非お確かめ下さい♪

オプションに関しては、結構制限が多いんですが、
もう[redacted]ちゃんに会っただけでイクちゃうんじゃないかってそんな気持ちにさせてくれます！

しかもですよお客様！
なんとこの[redacted]ちゃんはキス系のオプションができちゃう子になります！！
これは凄い事ですよ！！
ディープキスはハードルが高いオプションになりますので、
なかなか当店でもが出来る子は少ないので、
それだけでも[redacted]ちゃんは貴重な子と言えます♪

店長コメント

黒髪で目がパッチリとした可愛い"清純系"登場！
礼儀正しくおっとりとして
優しく包まれる雰囲気はまさに癒し系♪

しかも破壊力抜群のEカップおっぱいを携えた、
人気要素抜群の女の子です。

時間が経つごとに確実にファンが増えていくのは確実！
"今"チャンスの女の子です。

お店からコメント

超びっくりキレイ系！ 街ですれ違ったら二度見、三度見してしまうレベル！
(´・ω・`)たまらんです

「業界未経験！」

この類は、顔はイマイチだからこそ、他のポイントを押しているのだ。ゴマかそうとしているくらいに思っていい。たとえ後半に「かわいい子です」なんて書かれていても、それは適当に書いているだけだ。

紹介文の「元気印!」はメンヘラ嬢を意味している

漫画………倉橋光男

業界未経験のホンモノ新人嬢は出勤状況で判別できる

風俗業界においては、ホームページやパネルに新人マークの付いた嬢でもまっさら業界未経験の子は非常に少ない。だいたいが他の店で経験を積んだエセ新人嬢だ。

手垢にまみれていないリアル新人嬢はどう選別すべきか。そのためには嬢の出勤状況を見て細かく絞っていく必要がある。

まず、新人マークがついていても週に4日以上出ていたり、平日の昼に出てるような子は排除。この手の言わば〝即戦力〟は業界未経験のはずがないからだ。

それ以外の新人マーク嬢のうち、金曜、土曜の夜のみ（できれば1週間の出勤がこの日だけ）の子は、業界未経験の確率が非常に高い。

週末の夜は客入りが一番多い日だ。店としては新人が入ったらひとまずここにシフ

週間予定

12月10日(木)	12月11日(金)	12月12日(土)	12月13日(日)	12月14日(月)	12月15日(火)	12月16日(水)
-	-	16:00~22:00	-	-	-	-

週間予定

12/10(木)	12/11(金)	12/12(土)	12/13(日)	12/14(月)	12/15(火)	12/16(水)
—	—	19:30~23:30	—	—	—	—

トを入れて、客をバンバンつけることで慣れさせていくのが王道。女の子に大金を稼ぐことができると実感させて出勤日を増やす狙いだろう。

これに注意して女の子のプロフィールを見ていくと、まず間違いなくド新人と遊べる。ただ、何しろその数は少ないので、小まめにチェックすることが必要だ。

無料オプションだらけの女に優しくしてやると?

漫画………室木おすし

店員のオススメ嬢を除外すればアタリ嬢が残るという矛盾

デリヘルに電話した際、店員にこんな質問をする人は多いハズだ。

「あの、すぐに遊べるコって誰ですか？」

対して店員は即座に名前を挙げてくる。Aちゃん、Bちゃん、Cちゃん、あとDちゃんもすぐご案内できますねってな感じで。

では、この中でもっともアタリの嬢は誰なのか。そいつをあぶり出すとっておきの方法を教えよう。

最初の一手はこれだ。

「その4人で一番オススメのコって誰ですか？」

ここでもし店員が「Aちゃんです」と答えたなら、その子は一番のハズレだ。パスすべし。

なぜなら店員はこういう場合、普段から指名の少ないコ、すなわち不人気嬢から優先的に客に回そうとするからだ。

逆にたまたまその時間がヒマだっただけの人気嬢は、しばらく待てば指名が入る可能性もあるため、温存したがる。

したがって以降の店員との会話はこのようになる。

「Aちゃん以外にオススメは?」

「Bちゃんですね」

「なるほど。じゃ、CちゃんとDちゃんとでは、どっちがオススメですか?」

「Cちゃんです」

これで答えは出た。あなたが選ぶべきはDちゃんだ。

貧乏確実な出稼ぎ嬢はちょっとの金で本番させる

漫画………なかむらみつのり

性感帯が首すじや背中の嬢はマンコを触らせたがらない、の法則

フーゾク嬢のプロフィールほど当てにならないものはない。3サイズも、写真も、店長の紹介文さえも、いっそ気持ちがいいほどウソにまみれている。

だがあの中でひとつだけ、役立つ情報が紛れていることは、実はあまり知られていない。もったいぶらずに教えよう。それは「性感帯」の項目だ。

あそこに【背中】や【首すじ】、もしくは【指先】などと書いている女は絶対に指名してはイケナイ。サービス地雷の可能性が限りなく100%に近いからだ。

本来、性感帯といえばクリトリスや膣、乳首くらいしかないはずなのに、あえてまったく別の部位を書き込むのは、なるべくデリケートな部分を客に触れられたくないという気持ちが無意識に出て

■性感帯… 背中
■得意プレイ… フェラ
性感帯：背中　得意技：いちゃいちゃプレイ
完璧なプロポーションにキュートな笑顔!! 見て
えん坊ですが、それもまた愛嬌!! 非の打ち所が
性感帯　背中
得意技　フェラ
性感帯：背中です
得意技：恋人プレイ
年齢　22
性感帯　首筋
得意技　フェラ
体型　巨乳
性格　真面目
性感帯　首筋にキスされると…
得意技　濃厚ねっとりフェラ
くび
158 B:84(
体型　スレンダー
性格　おっとり
性感帯　首

しまった結果なのだ。そんなプロ意識の欠けた女どもに献身的なプレイなど期待できるわけがない。

逆にサービス優良嬢は先ほどの正統派性感帯を素直に記入しているコで正解だが、【クリ、首すじ】のように、正統派にプラスアルファで記入している場合はさらに良い。十中八九、性にどん欲な嬢なので多少ルックスがまずくても迷わずチョイスだ。

芸能人似のフーゾク嬢、信じていいのは濃い顔だけ

ワクワク
ほうほう
芸能人似
フーゾク嬢
掲示板
池袋のBの○○は
蒼井優に似てたな
ガッキー激似が
渋谷のソープにいた
ネット上に書き込まれる
芸能人似フーゾク嬢ってのは
どうぞー
やっぱり信用できない
ガッキー似
今日は
ヨロシクねぇ
どこが
ガッキーなんだ！
だが懲りずにチェックし続けた結果、『顔が濃い芸能人』似に関しては信じて良しとわかった
平愛梨を
ちょっと細くした
感じのコが
柏のデリヘルに
いたぞ
コン
コン
コン
来たか
はじめまして
ガチャ
イェス
特徴がハッキリしてるぶん
誰にでも似てるように
思えるってことだろうか
横浜のデリBの
△△ってコ
本物のローラかと
思ったわ！
うん、ぜんぜん
似てる！
ガチャ
モデルの
長谷川潤
そっくりだったよ！
似てる
似てる
ガチャ
このへんの芸能人なら
信じていいでしょう

漫画………今井のりたつ

プライベートで知り合ってから店で抜いてもらうには?

ありきたりなフーゾク遊びを100倍楽しくする秘訣は意外とシンプルだ。

まずフーゾク嬢とプライベートで知り合いになり、しかるのち店に出かけてプレイに臨めばいいのだ。知人とエロい関係になる、そのインモラルな状況がいかほどの興奮をもたらすかは容易に察しがつくだろう。

問題はどうやってフーゾク嬢と私的に知り合うかだが、実は打ってつけの場所がある。

ゲイバーだ。この手の店はなぜか昔からフーゾク嬢に好まれており、特に最近は一層その傾向が高まっている。たとえば新宿2丁目のゲイバーなど、女性客の6割強がフーゾク嬢なのでは、と思えるほどよく見かける。

こういった店でフーゾク好きを公言していれば、だいたい向こうから声がかかる。

「私、デリやってるんですよ。今度遊びに来てくださいよ〜」

ゲイバーは下ネタで盛り上がる場だ。したがって他所では素性をひた隠すフーゾク嬢たちも積極的にカミングアウトしてくるわけだ。

星5つの評価をされれば星5つのサービスをしてしまうものだ

漫画………シライカズアキ

嬢がイタズラ心でもてあそびたくなるのはあの職業だった

漫画………なかむらみつのり

体が不自由ならばなにかと優しくされるもんです

漫画………松田望

インポのフリが女の自尊心を満足させる

漫画………和田海苔子

オネエのフリで店外デートは余裕でOK

はじめましてぇ
あら、カワイイじゃない
女って、オネエが好きだ だから俺はオネエのフリをしている
ヤーダー
すごーい 自分に入れてもらうのとかも好きなんですか?
私は入れるほう専門よ
まあ口調をそれっぽくしてるだけだが疑われることはない
私バイセクシャルなの 基本は男が好きなんだけどね、ときどき無性に女を抱きたくなるときがあるのよぉ
ペラペラ
アンタ舐めるの下手ねぇ もっと唾液出すのよぉ
キャハハハ
これだけで連絡先交換を拒否る女はいない
今度飲みいくわよ?
アハハ、いくいくー
カラオケ♪
あーあ、私もこれ欲しいなぁ
今狙ってるオトコがさぁ、ゲイじゃなくてストレートに女が好きらしくて困ってるのよぉ
そんなのガンガン押してけばいいじゃん
やばいムラムラモード入っちゃった ほら、勃起しちゃったから舐めてよぉ
キャー
もぉ
こんな調子で店外セックスに繋がるのだ お試しあれ

漫画………くみハイム

「ケンコバさんに紹介しておきます」の威力たるや

自分は五反田の風俗によく行っている。テレビで吉本芸人がそんな話をしてるのを聞いたのが発端だ。

そこで少し試してみることにした。自分も吉本芸人だと偽ったら女の子のサービスが良くなるのでは？

手コキつきのマッサージ店（この手の店はケンコバが好きだと公言している）で女の子がやってきてから切り出す。

「オレ吉本の芸人やってるんですよー」

「えースゴーイ。コンビ名とか聞いてもいいですか？」

「売れてないからそれは勘弁して」

適当に話を合わせてみたものの、

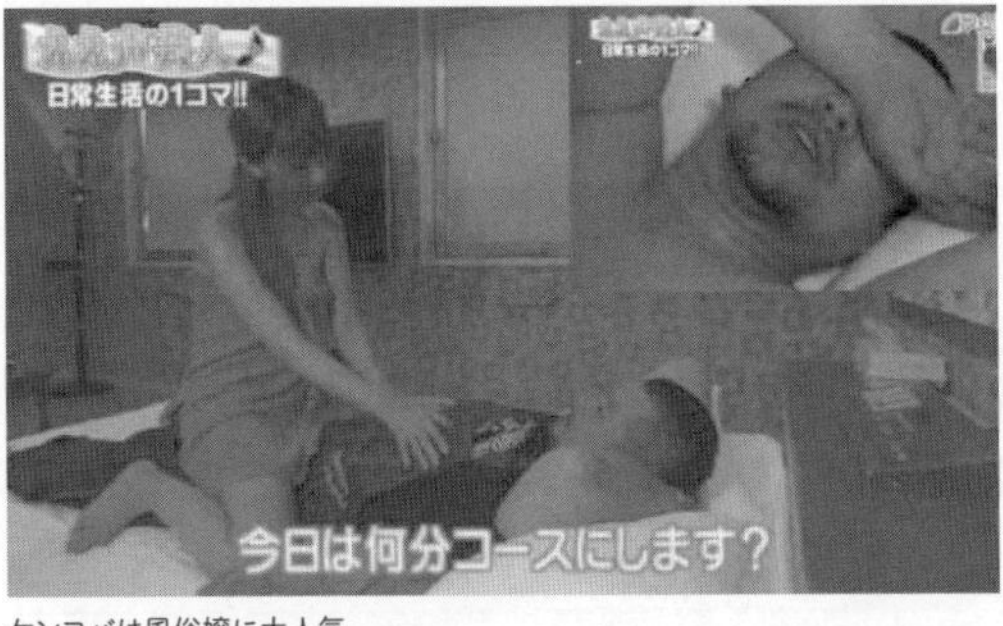

ケンコバは風俗嬢に大人気

特別なサービスなんてのはついてこない。やはり無名芸人（ウソだけど）では効果なしか。

ならば、これはどうだろうか。

「スゴイ可愛いよね。ケンコバさんにゼヒ行ってくれってオススメしてもいい？」

「ケンコバさんですか？　私好きなんですよ！　お願いします」

この言葉以降、彼女の態度が急変した。頼んでもないのにフェラしてくれたのだ。通常フェラはない店のはずなのに。

こりゃいいやと以降も五反田の風俗で、ケンコバや山里（南海キャンディーズ）の名前を出してみたら、オナクラではタダでフェラされ、デリヘルでは本番もできている。

吉本のお膝元である大阪難波の風俗でもおそらく同じだろう。

童貞を装って手ほどきプレイを味わう

漫画………室木おすし

薄暗い部屋だとフーゾク臭が払拭されませんよね

デリヘルで恋人気分を味わおうと思った場合
デリヘル情報
路上待ち合わせ型
カチッ
昼間にこの手の店を利用すると、普通のデート感が増すわけだが
じゃあ、行こうか
はーい
そこでもう一工夫
シティホテル XYZ
ここにしよっか
ラブホではなく、シティホテルを選び
シティホテル
デイユース可能
デイユースで利用したいんだけど
6000円になります
受付
いい感じじゃん
ポイントは、ここ
シャッ
日当たりもいいし
この自然光が
風俗臭を完全に払拭してくれるんですよ
あ〜ん あ〜ん

漫画………なかむらみつのり

和室&湯の花で温泉で不倫してる気分になろう

HOTEL
ほんのちょっとのことでデリヘルが楽しくなるコツがある
和室
よしよし、空いてたぞ
えっと ノリ子さんで 60分コース お願いします
入浴剤
湯の素
これでヨシと
お待たせしました〜
どうぞ入って入って
こんな光景と
お茶がわきましたよ
漂う温泉の香り
そろそろお風呂でもどう？
そうですね
まるで不倫旅行中のような淫靡な気分を味わえてとにかく燃えるんです！
ああ、ノリ子さん もっと吸ってくれ！

漫画………サレンダー橋本

どうせなら汚いパンティを持って帰りたいものだ

漫画………倉橋光男

出だしのテンションを上げるためマスク効果を利用せよ

ブサ顔の女でもマスクを付けるとそこそこ見れるものです
そこでデリヘルを呼ぶときには
そこのマスクを付けてほしいんだけど
どうも〜
いいじゃん
うんうん、いいね
サ
うんうん、カワイイぞ
じゃあ、そろそろフェラしてもらおうか
シコ
シコ
もし美人なら普通にラッキーだし
ドキ
ドキ
ニカッ
ブスだったとしても、スタートダッシュでテンションが上がってるので満足できるってわけです
チュパ
チュパ

漫画………松田望

ブス嬢が来たらメガネをかけさせて緩和せよ

デリヘルでブスがやってきた。そんなときに人はどうするか。声高らかに「チェンジ」コールをする人もいるだろう。でもあれってけっこうな勇気がいる。オレみたいに泣き寝入りする男は多いと思う。

だが泣き寝入りばかりしてられないと、ブス嬢でも満足できる方法を考えまくった結果、割と簡単に最悪の状況を回避できる手段にたどりついた。

伊達メガネだ。

地味なメガネ女子がそれを外したら意外に美人だった、みたいなコトって良く聞くけどそれは元々の素材がイイからこその話で、逆にブスの場合はメガネをかけることで顔のアラが目立たなくなる効果がある。

メイクするのが面倒だからと伊達メガネをかけて外出する子もいるぐ

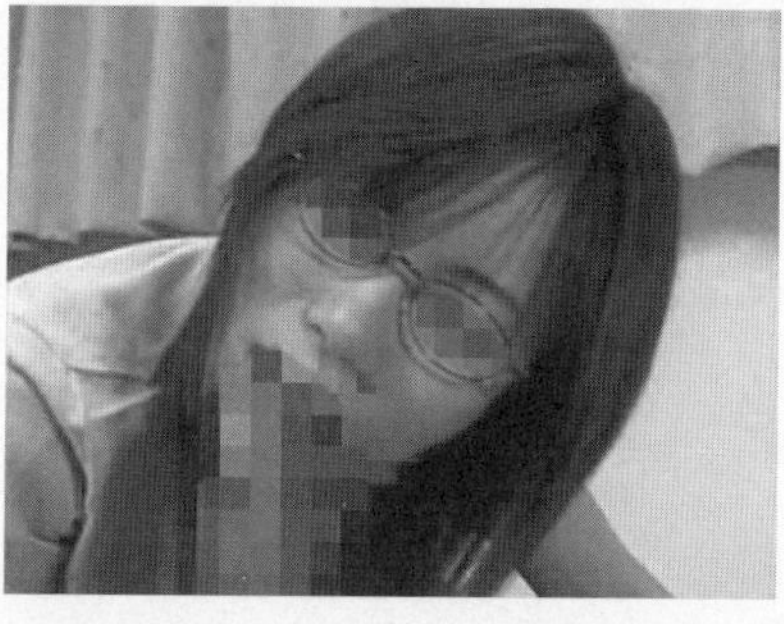

らいで、メガネにはそれだけカモフラージュ効果があるわけだ。

だからブスが来たらあらかじめ用意しておいたメガネをかけてもらえばいいのだが、赤いフレームとかアラレちゃん風みたいなものでは効果がない。単にブスがメガネをかけてるだけにしか見えない。

100均一などで売っている、自然な形状の細いフレームのものがベストだ。

どうせブスが来るなら最初から見なけりゃいい

激安ピンサロは化け物の巣窟だ
こんにちは～
店内は薄暗いがたまに見えるとツラい
ひいっ！
そこでアイマスクだ
バーン!!
では3番のお席へどうぞ
ずるっ
スチャッ
これなら何も見えない
どんな化けものが来ても
よろしく～
アイマスクですか？
うん、こうすると興奮できるんだ
へ～、じゃ舐めますね～
あ～
パクッ
そぉうれふか？
すごいよ。上手だね～
ピクッ
快感に身を委ねられます

漫画………麻々花

都心のヘトヘト嬢は車で送ってもらいたがっている

埼玉住みの俺は都心の風俗店へ車で遊びに行き、いつもプレイが終わったタイミングで、どこ住まいか軽く尋ねてからこう切り出している。

「家、そっちのほうなんだ。帰り、しんどかったら車で送ってあげよっか」

彼女らは、仕事の終わり際には体力、気力ともに消耗し切っていて、混雑した電車に乗り込むことに辟易している。乗り換えでもあろうもんならウンザリだ。

地方ならともかく、都内の風俗にわざわざ車で行くヤツなどまずいないため、そんな優しい提案をされることは滅多にない。3人に1人ほどは「お願いします」となり、仕事を終えたら連絡をよこしてくる。

仕事を終えた嬢と車内で過ごせば、

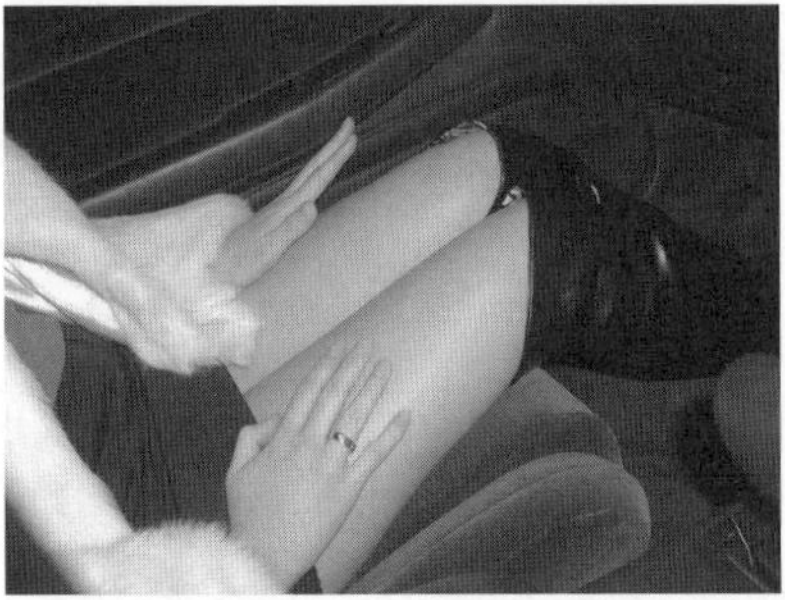

自然と素の部分が出てきて、一気に距離が縮まるし、後の店外デートの確率も格段に高まる。一度など、自宅に送るはずが深夜ドライブとなり、そのまま新潟までセックス旅行になったこともあるほどだ。

過去のヘンタイ客に新しい快楽を教えてもらう

デリヘル遊びは楽しいものだが、それでもいつか必ずマンネリはやってくる。とはいえ、いくら小手先でプレイ内容を変えてみても、自分の性癖の殻を破れぬ以上、発想が似たり寄ったりになるのは避けられない。

そんなときは嬢に、こう言ってみるのも手だ。

「いままで客から要求されたプレイで一番ヘンタイだなって思ったやつを俺にもやってくんない？」

どんな風俗嬢であれ、どえらいヘンタイ客に当たった経験は必ず1、2回あるものだ。そして、そんな連中の思いもよらないアイディアが、意外とハマったりもするわけで。まさに未知の快感との遭遇ってやつだ。

ちなみに俺の場合、それに該当するのは、嬢が顔面騎乗した状態からの聖水プレイ、口内発射後の精液を

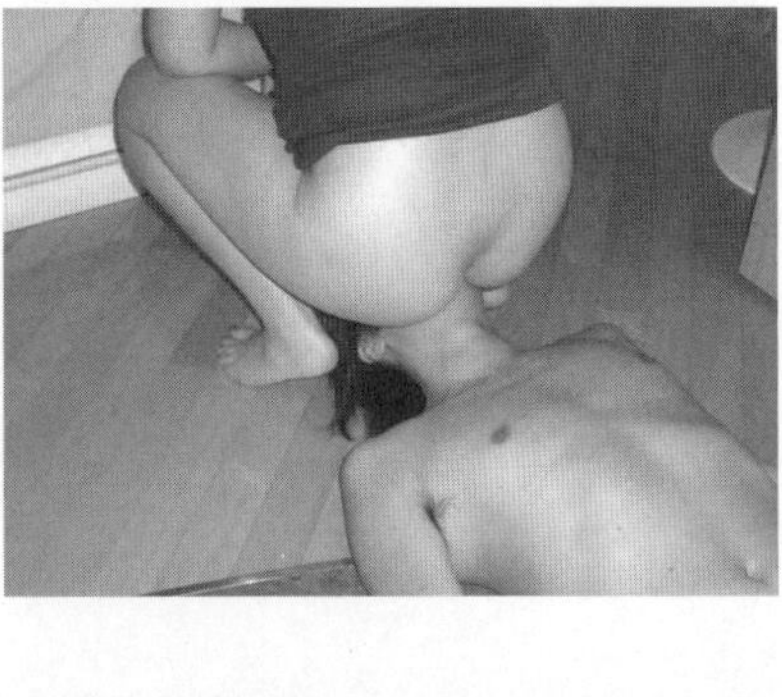

嬢とすすり合うプレイなどがあるが、いずれも脳ミソがキーンとしびれたのは言うまでもない。

回転ピンサロではすぐ全裸になって時間ロスをなくせ

ピンサロが大好きで、月に2回は花びら3回転の店に突撃しております。

目標はもちろん射精3回。そのためには1分すらムダにはできません。

素人さんは席に座ってからNG項目の貼り紙なんかを眺めつつのんびりと嬢の到着を待つものですが、私は違います。すぐにズボンとパンツはもちろん、靴下もシャツもすべて脱いでスッポンポンになります。

そして嬢が来たら会話もなくすぐさまフェラ開始！　これだけでもずいぶん時間ロスは減らせるものです。なにせ素人さんがしょーもない会話を経て、ベルトをカチャカチャはずされ、パンツを下げているような時間帯に、私はすでにがっつり喉奥ま

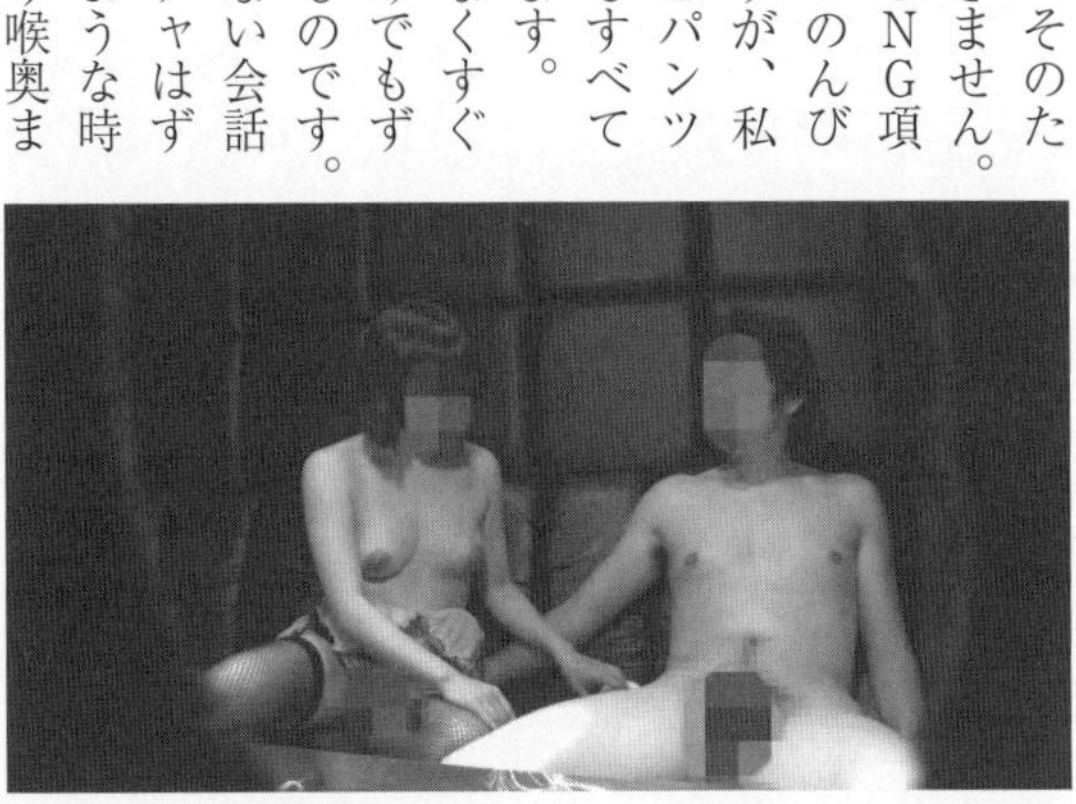

でくわえられているんですから。

早くヌイたところで、次の嬢の持ち時間が長くなるわけではありませんが、なんといっても回復時間を稼げるのはありがたい。とにかく回転ピンサロでは、会話してからヌクんじゃなくて、まずヌイてから、回復タイムを利用して会話をかわしてりゃいいんです。

見た目オラオラなのに中身は優しい。これが風俗嬢の好きな男です

自分はどちらかと言えば無口な性格なので、ヘルスに行っても女の子に気に入られたり、うまく交渉して本番に持ち込んだりなんて体験をしたことがなかった。

が、和柄の服やスタジャンを着て、髪の毛を短髪にし、メタルフレームの色メガネを掛ける、いわゆる「オラオラ風」に変えただけで、以前とは比べものにならないほど女の子たちの反応が上がったのだ。

眉間に皺をよせて風俗嬢と対面すると、彼女たちはまるで腫れ物に触れるかのような感じで身構えるので、こちらはただ普通に笑顔で接してあげるだけ。これで評価がかなり上がる。

オラオラ系だけど実は優しい、そんなエグザイルみたいな男を好きな

フーゾク嬢は多く、気押されそうな派手目な子でも「優しくて安心しました～」などと擦り寄ってくれる。派手なケンカの話などする必要もないので試してみて欲しい。

くたびれたカミさんも
これでなんとか
抱けてます
リポート・8人の裏モノ男性読者
漫画 しゅりんぷ小林

くたびれたヨメ…
しょぼい女…
マンネリ関係のセフレ…
もうセックスする気にもなりませんよ
ヘタ……
?
でも皆さんコスプレで乗り切っておられます
たとえばこんなグッズで…

① 紙魚丸×PredatorRat Tバックスパッツ

アナタお風呂入る?
あぁ…
ザ
ハァ~

ザッ…
…なんとかこのくたびれたヨメを色っぽくできないか？
アダルトショップ♥
クイ
ヨメにセクシーなTバックをはかせて…
Tバック
なんてイイね
そして―
や～ん似合う？
げっ コイツこんなに尻が垂れてたか
そこではかせてみたのが…
グイ…
なにコレ？
え？
いいから後ろを向いてみて
うん…
クルッ
ブリン
おおっ
このデザインならヨメの垂れケツもプリッと上がるんだ!!
スリスリ
あ～ん
まだまだ抱けるわぁ～
そしてお次のグッズは…

② 5倍盛りヌーブラ

HOTEL
かれこれ10年になる
セフレのカップルですが…
ねぇ
ホテル入ろ！

一時はセックスも
マンネリになりました
しかし最近は…
全部
脱ぐ？
いや…
下だけ
脱いでよ
うん…！
スル…
うほ〜
イイ谷間!!
この胸で
なんとか
イケるぞ
あんあん
ユサ
ユサ
ギシ
ギシ
ギシ
ギシ
うっ!!
ドビャッ
「5倍盛りヌーブラ」の
着用でバッチリです
実物の
オッパイは
見ない事に
しよう
ザー…
プニュ

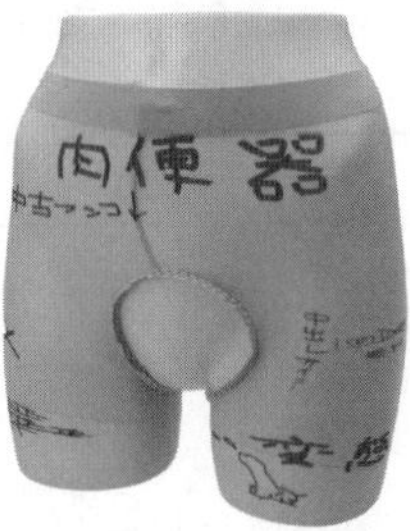

③ 肉便器ストッキング

多目的トイレ
このグッズはお下劣ですよ
キョロキョロ
よし入るぞ
ガラ…
ハ、ハイ
奴隷歴３年の彼女

バタン
さてと…
オイ肉便器！
ハ、ハイ…
うしろ向いてケツ出せよ
おおっ
奴隷のオマエにピッタリじゃ!!
精液便女
男子トイレ
と挿入
SEX
SEX
はぅ～ん
挿入《いれ》て欲しいか？
い、挿入てください
肉便器
無料
変態女
いれて
SEX
この精子便器が!!
あうあう
パンパンパン
ドビャッ!!
精液便女
おら便器が動いてんじゃねーぞ!!
SEX

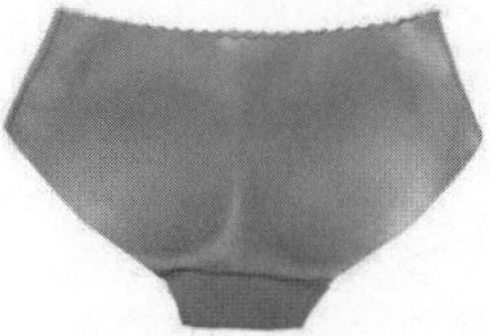

④ 立体美尻ショーツ

さらにマニアックな楽しみ方も…
ほら歩け！
みんな見てるぞ
いや〜ん
男子トイレ←挿入
SEX SEX
!!
そして他にも使える商品がありますよ〜

男は皆、美尻に憧れますが…
しかし
オレのヨメは
ブサイクだ
ねえ
しよ！
パンパン

セックスはヨメの顔を
見たくないので
バック専門だぜ
あひ
あひ
しかしこの垂れた汚ケツも
あまり拝みたくない…
パコ
パコ
パコ
パコ…
そこで…
アンタ通販で
何買ったの？
コレ
コレ…

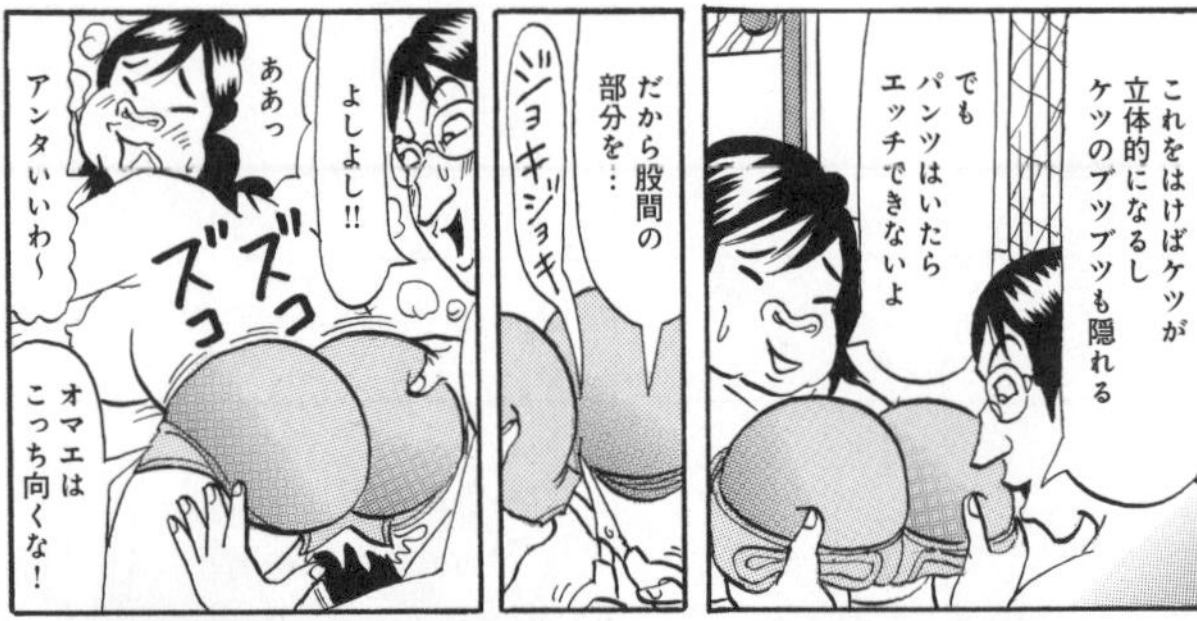
これをはけばケツが
立体的になるし
ケツのブツブツも隠れる
でも
パンツはいたら
エッチできないよ
だから股間の
部分を…
ジョキジョキ
よしよし!!
ああっ
アンタいいわ〜
ズコズコ
オマエは
こっち向くな!

⑤全身ボディーストッキング

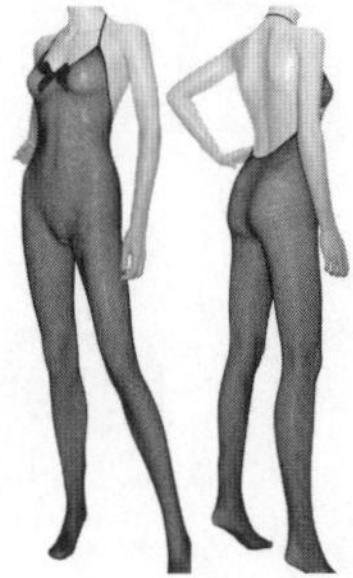

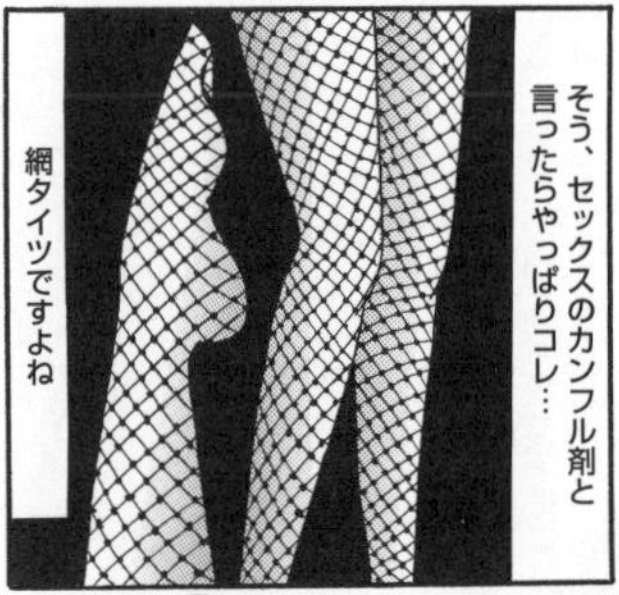
そう、セックスのカンフル剤と
言ったらやっぱりコレ…
網タイツですよね

オーイ
コレ買って来たよ〜
えっ
なに?
ちょっと
裸になって
コレ
着てみろ
え?え?
ガサ
ホラ
ホラ…
グイ
グイ
やだやだ〜

なんとこのタイツは全身用!
普段は地味なヨメとエロエロな網タイツのミスマッチがたまらん!!
え…
いやん…
ガルルッ
これで興奮できなきゃウソですよ～
⑥紙ぴゃん
紙ぴゃん
一見、これは普通のパンツですが…
なんか違和感がある…
へへっ、このローションを…
え!?
トロ～
ツー…
ヌルピチャ
スリスリヌルヌル
え!?え!?

ほーら
スケスケになります
いや～ん
実はコレ、生地が紙でして…
グ…
ピリ…
ピリリン
——と、局部だけ破り…
うはーっ
こんにちは
うほー!!
ああ いいっ
ヌルズポ
——とマンネリ打破の道具として使えます

……

⑦ ブラジリアンビキニ

お…腰ヒモビキニ…
このタイプのビキニ、紐がほどけそうですが…
きゃ〜〜
ザブン!!
ハァ〜サイコ〜
ヒモはほどけるのですがパンツが落ちることはありません
チョウチョ結びは単なる飾りで
しっかり繋がっております
でも「ブラジリアンビキニ」を購入すれば…
クイクイ
パラリ…

⑧綿混あったか十分丈レギンス

第3章

アソビの知恵

大手出会い系の新設コーナーに素人オンナがざっくざく

大手出会い系サイトは、援デリ業者やポイント狙いのキャッシュバッカーだらけだ。特にアダルト掲示板のコーナーなどは、素人の女の子なんてほんとどみかけない。ならばとピュア系の掲示板を攻めても、今度はガードが高すぎてなかなか会うことができない。

ところが、去年ぐらいからご飯デート系と言われるサービスが新設され、かなり高確率で普通の女の子と会えるようになった。Jメールの「誘い飯掲示板」と、ワクワクメールの「ご飯デート」のコーナーがそれだ。

どちらの掲示板も、男女がランダムに書き込める形式で、場所と時間を指定して、一緒にご飯を食べる相手を見つけられる。

実際にやってみると、女の子の書き込みはそれほど多くないので、自分のプロフを充実させておき「焼肉おごります」などとメッセージを載せて連絡を待つパターンが一番話が早いと思う。

いざ実際に対面したら、予約した飯屋でご飯を食べつつ、相手のタイプを探る。単なる茶飯女か、それ以上に進める、つまりは食える女かどうかだ。

ここを介して連絡をくれる子は、タダ飯が目的の「茶飯っ子」が多いけど、アダルト系の掲示板に比べて普通の素人娘率が高く、食事を介して相手のキャラが見定めやすいので、援交や愛人のような関係に持ち込むルートとしてかなり使えると思う。

自分のプロフ欄で、少々お金に余裕のある男を演じておけば話は進みやすい。まあ、ご飯代やらお小遣いやらお金は多少かかるけど。

（東京・40才）

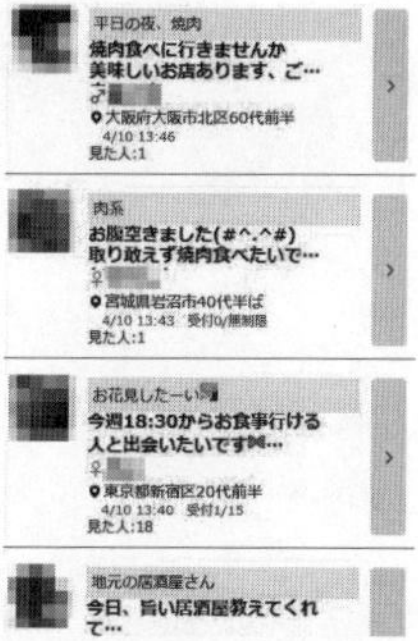

不倫願望の人妻だらけのコミュニティではどう攻めるのが正解か？

ｍｉｘｉの既婚者コミュといえば、不倫願望のある主婦がワンサカいる穴場として知られている。攻略法を教えよう。

まずプロフィールを設定。写真はペットや車など、無難なものがいい。自己紹介の文章はあまりガツガツしていると逆効果なので「既婚者ですが色々な人との出会いや会話を楽しみたいです」程度が無難だ。

プロフィールが完成したら、「マイミク絶対断りません」コミュニティに入り、片っ端からマイミク申請をして見せかけの友達を増やす。ｍｉｘｉの女は明らかな新規アカウントを警戒するからだ。これで準備は完了。

既婚者コミュに加入したら、雑談や自己紹介トピックで自己アピールしている女には目もくれず（ライバルが多すぎるため）、メンバー一覧

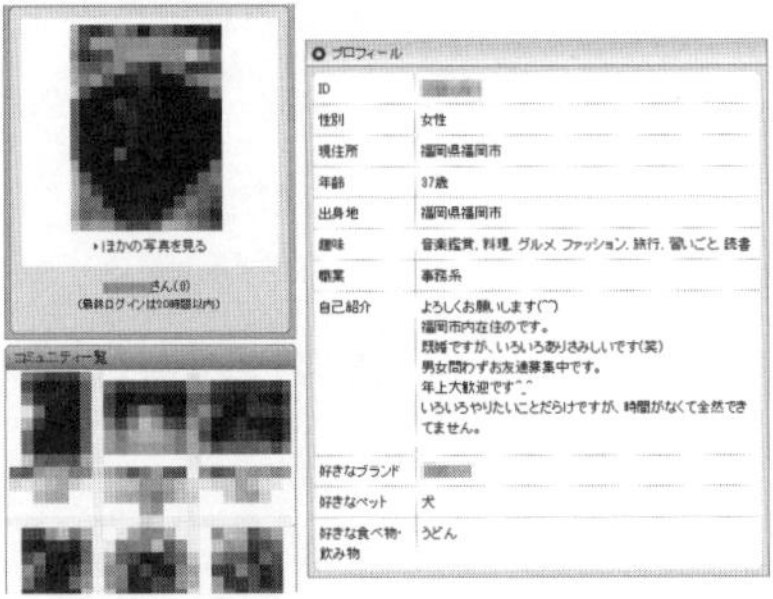

から近場の女をピックアップして「自分も同じコミュに入ってます。よければ近況など報告し合いたいです」という旨のメッセージと共にマイミク申請。

最初は世間話のようなメールばかりになるが、ある程度メールを続けてから「夫婦仲はどうですか？　僕の方は冷え切ってまして…」と水を向けてやれば「夫婦仲は悪くないけど退屈」とか「娘も手がかからなくなってヒマで」とか、そういう話になる。既婚者コミュに入るくらいだから、もともと火遊び願望は持っているわけだ。

あとは「僕も同じ悩みを持っています。よかったら同じ境遇の既婚者同士、語り合いませんか？」と誘い出す。会うところまでこぎつければ、小細工なしでホテルに誘ってもまずオッケーだ。mixi女は「そんな気はなかったけど、断り切れなくて」という理由が欲しいだけで、本当は抱かれたがっているのだから。

（神奈川・48才）

フリマアプリの『手伝いコーナー』にヌード撮影OKの子が

フリマアプリ『メルカリ』が大流行りだが、我々が注目すべきは、その姉妹アプリ『メルカリアッテ』だろう。

理由は、オッサンでも出会いが期待できそうな掲示板が豊富に用意されているからだ。

例えば、手渡し前提のフリマコーナーがある。「チケットをタダで差し上げますよ」と書き込めば、食い付く女はいそうだし、流れでお茶くらいはできそうでしょ？

モノの貸し借りを目的としたコーナーでは、家出少女っぽい女が「泊めてくれる方いませんか？」なんて書いている。面白そうでしょ？

中でも、私のお勧めは、若い女たちが顔写真付きでアピールしている『手伝い』コーナーだ。

AYU〈食事、映画、イベント付き添いなど。時給1千円で、いろいろ手伝います！〉

ノン〈部屋の掃除からカラオケ同行まで。お手伝いします。当方ちょっと？　ぽちゃですが、よかったら使ってください〉

私は、この手の連中に撮影モデルをよくお願いしている。

〈ギャラ3千円で街頭で写真を撮らせてくれませんか？〉と。

そして当日、撮影後に「よかったら、さらにギャラは払うんで」と、ヌード撮影を持ち掛けるのがパターンだ。

この作戦、オッパイ撮影くらいなら3人に1人は受けてくれますよ。

（東京・41才）

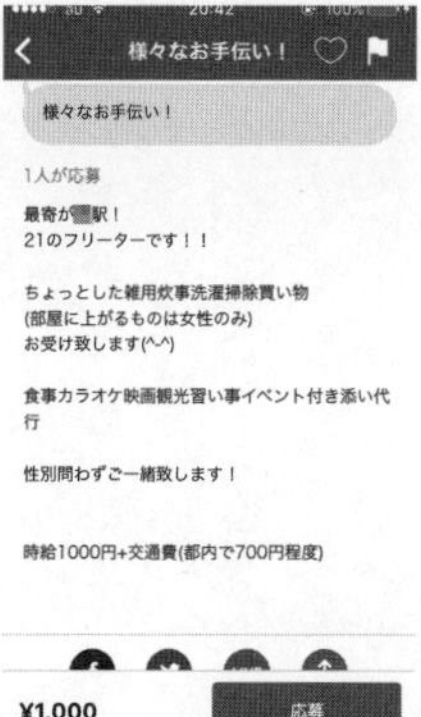
様々なお手伝い！
様々なお手伝い！
1人が応募
最寄が駅！
21のフリーターです！！
ちょっとした雑用炊事洗濯掃除買い物
(部屋に上がるものは女性のみ)
お受け致します(^-^)
食事カラオケ映画観光習い事イベント付き添い代行
性別問わずご一緒致します！
時給1000円+交通費(都内で700円程度)
¥1,000
応募

相席がテーマの出会い系はどう使うのが正解か？

今年47になるが、オッサンってのはつらい。

出会い系で、若い女に「援交しませんか」とメールを送りまくっても、引っ掛かるのはブス、デブ、業者ばかり。普通の女の子はどんな人かもわからぬオヤジとはヤリたくないんだろうな、と切実に思う。

そんなわけで、私がたどり着いたのが、このアプリ『イブイブ』だ。

これ、〝相席〟がテーマの出会い系で、タダ飯目当ての普通の大学生なんかがたくさん集まっている。

「お腹減ってない？　何でもオゴるよ！」

こんなふうにアプローチすると、返信率は悪くない。オヤジだけどゴハンくらいならと思ってもらえるのだろう。

で、一緒にメシを食い、こちらが優しい親父だとわかってもらい、打ち解けたところで援交を切り出すって流れだ。

相手は、オンナを武器にしてメシを食おうとするようなコ。2

人に1人は応じてくれますね。（東京・47才）

売ります譲ります系のあのサイトが主婦との飲み会に使える

ジモティーなるサイトがある。不要になったモノを売ったりタダであげたり、基本は物品の取引が中心なのだが、オフ会メンバー募集的なコーナーも存在していることはあまり知られていない。サイトのトップから地域を選び（オレの場合は千葉県）、カテゴリーの「メンバー募集」に進み、『オフ会』『飲み』などで検索するだけで、地元の募集を確認することができる。これが意外や意外、出会いの場としてけっこう機能しているのだ。

オレの場合は他人が開催しているオフ会にも参加しているが、もう1人のツレと2名で、女性を募集するオフ会を開催している。オフ会名はこんな感じで。

〈船橋　昼間さくっと2時間飲み～ヒマな子おごります〉

ポイントは昼間であることだろうか。こちらが男2名であることを確認した主婦なんかが、友達と一緒に

応募してきたりする。彼女ら、1人では行動が奥手ながらも、友人連れだとけっこう大胆に遊んだりするものなのだ。実際、マンツーマンのオフ会で募集をかけたこともあるけど、ほとんど応募はこないし。

というわけで昼間、ワインが飲めるファミレスとか、小洒落たレストランでおち合い、昼ワインの威力と、「手がキレイだね」など言いながらのボディタッチを挟み、カラオケに誘って応じてくれれば一気に関係が温まる。さすがに初回でホテル行きはないので、2回目のデートで決めるのが必勝パターンだ。

（千葉・46才）

不倫の巣窟「既婚者合コン」がすさまじい勢いで増えてます

既婚者限定のコンパが人気だ。人気がありすぎて首都圏を中心に専門業者が増えていて、すべては把握していないが、少なくとも5～6以上の業者が営業している。

俺も流行りに乗じていくつかの既婚者合コンに参加してみたが、どこも予約がなかなか取れないほどの盛況ぶりだ。

合コン自体はだいたいどこも似たような感じで、和風ダイニングやスペインバルなどの会場に30～40代を中心とした既婚の男女が集まり酒を飲み交わすだけなのだが、最初から男女どちらも既婚者だとわかっているので、あからさまに不倫相手やセフレ探しが目的だとアピールしても嫌な顔はされないし、どころか女性の方から「もう3カ月もエッチしてない」とか「旦那は全然舐めてくれない」などと直球の下ネタが放り込まれる。とにかく女も最初からそのつもりで参加しているので非常に話が早い。

どの業者も男女比は半々に調整さ

れているが、常連の女に聞いた話では、やはり女性参加者を集めるのが大変なのか、「業者さんの知り合いの子も来てるみたいだよ」とのことなので、仕込みの女か本物の素人か見極める必要はある。ヤラせてくれるならどっちでもいいのだが。

（埼玉・39才）

主な既婚者合コン業者

東京 既婚者サークルAlice

東京 サロン・ド・リヴァージュ

東京 サークルキャンティ

東京・大阪・名古屋 既婚者交流会Wonderful

人妻合コンの相手を自力で探し出せるサイト

近ごろ、既婚者同士の飲み会を開催する業者が盛況らしいが、俺の場合はもっぱら自前で人妻合コンをセッティングしている。男も女も見知らぬ参加者ばかりの業者系の飲み会より、気心の知れた男メンバーたちと戦いを挑む方がよほどやりやすいからだ。

　合コン相手の人妻を探し出すにあたって、俺が重宝しているツールは、出会い系サイト大手のひとつ、ＰＣＭＡＸだ。

　理由は単純だ。ＰＣＭＡＸには、ピュア系の中に、他の出会い系サイトにはない〈合コン・オフ会〉の掲示板が設置されているからである。

　女にしてみれば、1対1のアポより、合コンのアポの方が10倍心理的ハードルが低いのは自明の理。したがって出会いに飢えた人妻を意識した募集文を書き込めば、既婚者合コンのセッティングなどカンタンに実現できる。

　募集文を書くうえで押さえるべきポイントは次の

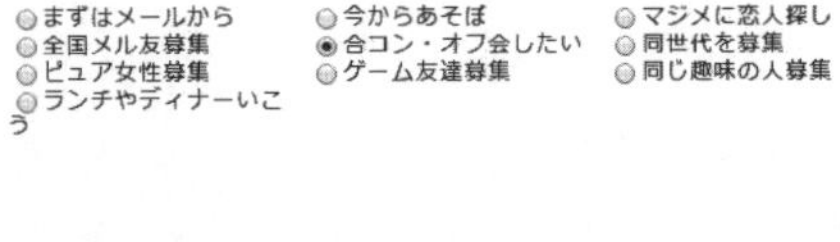
-ピュア-
まずはメールから
全国メル友募集
ピュア女性募集
ランチやディナーいこう
今からあそぼ
合コン・オフ会したい
ゲーム友達募集
マジメに恋人探し
同世代を募集
同じ趣味の人募集

とおりだ。

①募集側（男側）も既婚者であることを明記

②相手が望めば、平日昼間の開催も可能であるとのアピール

③募集人数は多くても３人まで

④飲み代のおごりアピール。さらに「お店は青山にある和風創作ダイニングを予定しています」といった具合に高級感を演出すればなお可

　いざ合コンが始まれば、あとは特に策を講じなくてもコトは上手く運べるだろう。なんせ、そもそも浮気願望があり、出会い系サイト経由で知り合うような人妻が相手なのだ。これほどイージーな獲物はない。

（埼玉・43才）

既婚者合コンしませんか？


はじめまして！

都内在住の41才既婚者です。

近々、既婚者同士の合コンをやりたく、参加していただける人妻さんを募集中です。

今のところ２対２の飲み会を考えていますが３対３でも対応できます。

日時については気軽にご希望を言ってください。平日昼間でも時間は作れますよ。

一応、お店は銀座の有名ワインバーを予定していて、飲み代は男性陣が負担します。

既婚者だって異性の友人がほしいし、出会いもあっていいと思うんです！賛同してくれる優しい人妻さん、ぜひメッセージください！　一緒に楽しみましょう！

有名どころだからこそ新規の主婦層がガンガン入ってくる

世間では不倫ブーム到来などと言われている。が、いざオレも！と思っても、身近なところで探すのは難しいのではないか。

このサイト（不倫パートナーをさがそう）はタイトルまんま、不倫相手を探すための老舗サイトだ。有名すぎるだけに敬遠するムキもあるだろうが、有名＝新規女の目につきやすい、という利点を無視するのはあまりに損だ。

特にここ最近は認知度が上がってきたのか、女性の書き込みを見ると、リピーターよりも圧倒的にご新規さんが増えたように思う。警戒心の強い不倫初心者でも安心して楽しめるよう、運営が頑張ってくれているからだろう。こんなにマメな出会い系サイトも珍しいと思う。

さて、実際に相手を探すときの最

も大事なポイントは、書き込みのメッセージだ。単に割り切ったセフレが欲しいなどとストレートな願望は書かず、「恋愛がしたい」「結婚していても恋人が欲しい」など、精神的なつながりを求めているキャラにした方が女性からの返信率は高い。

（埼玉・45才）

娘のような子とデートできるだけでもオジサンは嬉しいんです!

最近、テレビ等でも取り上げられ、メジャーになった感のある「レンタル彼女」。

何度も利用している俺の経験から言わせてもらえば、風俗と違って写真やプロフィールにほとんど嘘はなく、登録しているのは女子大生ばかり。サイトを見てタイプでない女を避ければ後悔することはないだろ。

下手すれば娘くらいの子と手をつないで水族館へ行ったり、公園でのんびりしたり。あまりの年齢差に通行人すら振り返るこの背徳感がたまらなく楽しい。

また食事の際には若い女が屈託のない笑顔で「はい、あ〜んして」なんて言ってくれたり、公園で膝枕をしてくれたりするんだからリピータ

レンタル彼女
ログインID
パスワード
新規登録
ログイン
トップ
デート申し込み
彼女一覧
ご利用の流れ
よくある質問
デート事例
プレミアムタレント
スペシャルタレント
レギュラータレント
フレッシュタレント
タレントランクとは？
好みの彼女と
デートをしよう
フレッシュタレント
『どこか懐かしい初恋の女の子』
『内気なあなたの応援団長』
『はつらつ元気っ娘』
『みんなのお姉さん』

ーが続出するのもうなずける。

残念ながらエロ要素はなく、エンコーなどに持ち込むのも無理そうだが、若い女とデートできるだけで大満足だ。

レンタル料は女のランクによって異なるが、プレミアムやスペシャルといった高ランクの女よりも、レギュラーやフレッシュなどのランクが低い方が素人感があって楽しめる気がする。ご参考までに。

（東京・42才）

力仕事やお悩み相談の依頼を受けてじっくり関係を築く(しかもお金ももらえる!)

「おっさんレンタル」というサービスを知っているだろうか? おっさんを商品として1時間千円でレンタルできますよ、というサービスだ。

単なる悪ふざけのようにも思えるサービスだが、自ら登録して〝商品〟になってみたところ、意外に需要があるらしく、月に2回くらいはレンタルのお呼びがかかっている。依頼主は20代後半から40代前半くらいの女が多いだろうか。男から依頼されることはほとんどない。

依頼の内容は「草刈りを手伝ってほしい」とか「倉庫の荷物を運び出してほしい」みたいな力仕事から、「フリーマーケットの店番」や「父の日のプレゼントを選んでほしい」「お悩み相談」といったものまで多岐に渡る。

力仕事の場合は終わったらはいサヨナラって感じで面白くもなんともないが、後者の依頼は女とお近づきになれる大チャンスだ。

例えばフリーマーケットだったら、終わった後に「けっこう売れましたね。打ち上げしませんか?」と飲みに誘えば断られることはほとんどないし、プレゼント選びなら終わった後、向こうからお礼として食事をご馳走してくれる。

お悩み相談の中身はだいたいが不倫や浮気といった人間関係なので、自分から「いま自分は弱ってます」とアピールしているようなもの。「心配なので、これからも経過をきかせてください。もちろんお金はいりません」とか言えば、スンナリ定期的に会う約束を取り付けられる。

登録時に誠実さや親切さをアピールするようにプロフィールを作っていけば、特技がなくても依頼はそこそこくる。金をもらったうえに女とお近づきになれる、こんなオイシイ話があっていいのか？

（埼玉・45才）

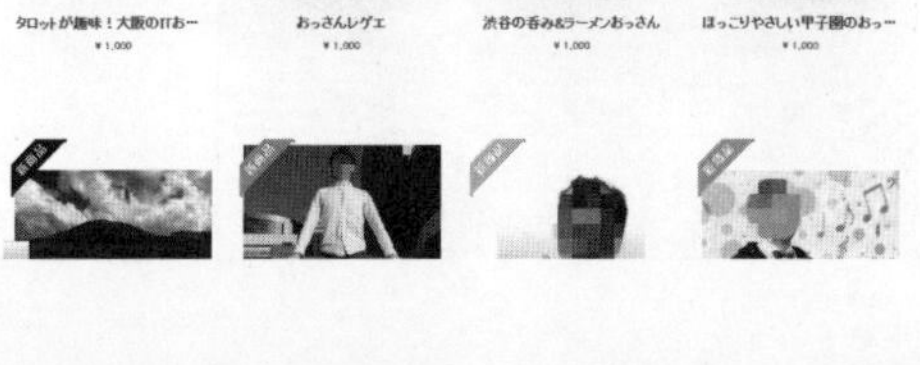
おっさんレンタル
HOME
ABOUT
BLOG
CATEGORY
CONTACT
SEARCH
NEW
おっさんレグエ
¥1,000
渋谷の呑み&ラーメンおっさん
¥1,000
ほっこりやさしい甲子園のおっ…
¥1,000

プールで全裸の女が歩いてる！ドイツのエロサウナFKKはツアーが安心

私は55才ですが、同世代の読者さんにお伺いしたい。海外の買春、してみたくないですか？

何となく恐いし外国語もできないし、ってことで踏み出せずにいるのなら、買春ツアー業者を使ってください。例えばここ。

ドイツ・CFIT社

ドイツには、風俗サービスを受けられるサウナがあります（通称ＦＫＫ）。

サウナと言っても、施設は日本の銭湯のような雰囲気ではなく、プール付きのお屋敷を想像してもらったほうが近いでしょう。そこに水着や全裸の女性が歩いており、好みのコを選んで、ベッドルームでサービスを受けるという流れです。簡単に言えば夢の楽園ですね。

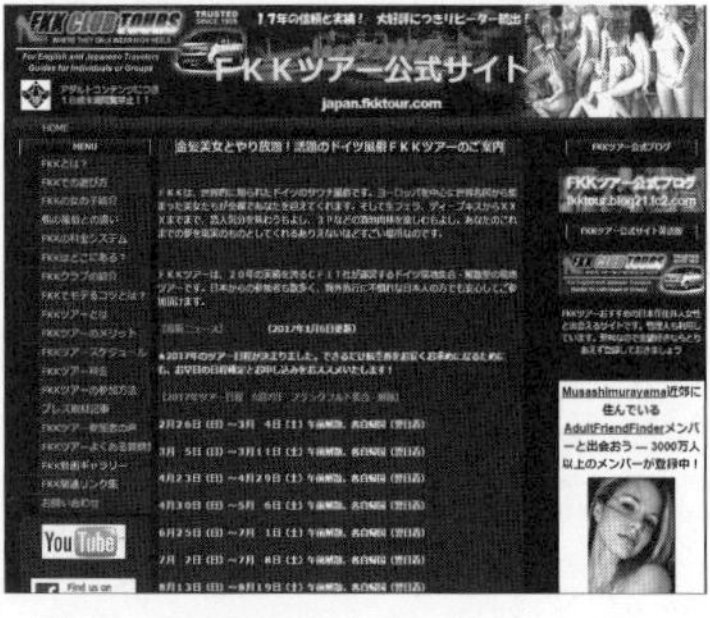

この業者は、ツアー専用車でそんなFKKを案内してくれます。集合場所はフランクフルト空港ですが、スタッフは日本人で、通訳や宿泊先の確保など、面倒なことは全て引き受けてくれます。料金は2，199米ドル（6日間）。

（東京・55才）

憧れの女優さんのアソコをクンクンできるなんて！

初めてAV女優さんと触れ合ったときの興奮が今も忘れられない。

場所は、メーカー主催の握手会である。こちらが手を差し出すと、その手を胸元にギューと押し付け、「やわらかい？」ときた。

私はAV観賞くらいしか趣味のない、しがない中年オッサン。日々の暮らしはそこそこ虚しいだけに、そのときのオッパイの感触が胸に突き刺さった。以来、AVイベントにちょくちょく通うように。

いま一番ハマっているのは、桃太郎映像出版が定期的に開催している『リアル一番くじ』というイベントだ。

DVDを購入するとAV女優さんと触れ合えるという流れで、どんなことができるかはくじ引きで決められるのだが、その〝アタリ〟は、

・『きっす』（クリアファイル越しに

キス）

・『だっこ』（お姫様だっこ）

・『しんぴ』（パンツ越しに股間をクンクン

そう、とにかく過激なのだ。毎回ついついＤＶＤを何枚も買ってしまいます。

（東京・48才）

女を酔わせたけりゃここに連れていけば間違いなし!

会社帰りに部下の女子社員をメシへよく誘う。もちろん下心があってだが、これまでは何かできた試しがなかった…。

ところが福岡天神にオープンしたショーパブ『ココーテアグリーサルーン』に連れて行くようになって以降、すでに2人をお持ち帰りできている。最高ですよ、この店は。


まず値段が安い。入場料はタダだし、飲み物は1杯700円程度。

ショー自体は、ステージでセクシー衣装のダンサー連中が飛んだり跳ねたりするという、まぁよくある内容なのだが、その最中、彼女らが客席に向かって呼びかけてくる。

「女の子でステージに上がりたい方いませんか? そこのオネーさん、そちらのオネーさんとかもどうですか?」

ここがポイントだ。

私は「このコお願いします！」と勝手に申し出、半ば強引に部下をステージに上げてしまう。するとどうなるか？　酔っ払っている他の男性客たちが「あのコに1杯！」「オレからも1杯」とテキーラショットを渡してくるのである。

ステージ上の部下本人は、まず断れる雰囲気ではない。結果、グデグデになってくれるって案配だ。

（福岡・42才）

とあるビルのリフレ店が店名をコロコロ変えるのは何故だ？

大阪・日本橋は、若いコにマッサージや添い寝なんかをしてもらえるお店、いわゆる『リフレ』が軒を連ねているエリアだ。

どこそこはサービスが抜群だとか、あそこは10代だらけとか、関西の遊び人の間ではよく話題にされるが、中でもウワサが絶えない場所はやはり『な●ば音楽ビル』だろう。

理由は、ここで営業しているあるリフレが、店名をころころ変えるから。と言えばピンと来るのでは。そう、摘発逃れっぽいですよね？

現在は『美少女リフレ●●●』という店名で営業しているが、実際その中身はなかなか香ばしい。

まず〝裏オプ〟が蔓延している。大半の女の子がリフレ（マッサージや添い寝）中に、「手で3千円、フェラで5千円だけど」なんて持ち掛けてくるほどだ。

しかも、そんなコたちの顔立ちが妙にあどけない。年齢を聞けば

「秘密〜」なんて答える人間が多いの何の。
そんなわけでオッサンでも、やけに若い女の子と入場料（4千円／30分）と合わせて1万円未満というリーズナブルな金額でイチャこけるスポットとして評判だ。

（大阪・47才）

女尊男卑ルールだが、女のレベルはとにかく高い乱交サークル

数年ほど前、ホテルのスイートルームを使った乱交サークル業者は、数十件を超える規模だったと記憶している。そのほとんどが警察の取締りによってバタバタと消え去ってしまったが、今も根強い人気を誇る老舗の乱交業者が生き残っている。それがこのサークルバニラだ。

一般的な乱交サークルは、サークルとうたいながらも、部屋にやってくるのはカネで業者に雇われた「仕込み女」ばかり。でもここは正真正銘の素人、しかも容姿レベルの高い女だらけの実にナイスな乱交サークルなのだ。

が、その一方で男性がここで遊ぶためには、そこそこ高いハードルを超えねばならない。

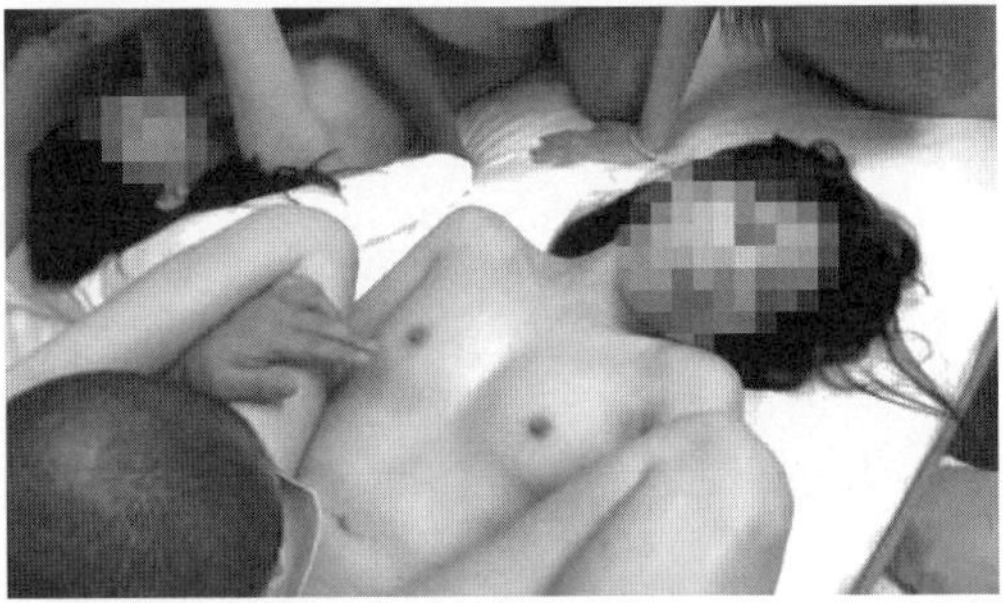

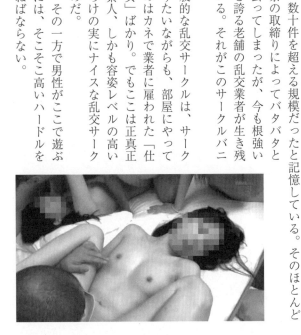

まず、写真付きのIDと名刺の提出が必要で、さらに参加女性たちによる入会審査のような時間まで設けられている。ようやく審査に通っても、自由にヤリまくれるわけではなく、女性からの指名がなければプレイできないなど、あからさまな女尊男卑ルールが徹底されているのだ。だからこそ、女の子のレベルを高く保っていられるんだろうけど。

とは言っても、四十路の俺でも入会できたんだから、見た目を小奇麗にしておいて、ある程度コミュニケーション能力があれば入会審査も通るはず。

特に週末は、数名の可愛い子ちゃんたちと朝まで3回戦、4回戦が楽しめる、夢のようなサークルだ。

（東京・40才）

30才以上ばかりだから メシ食い逃げの貧乏オンナに 悩まされない

いまだにブームが続いている相席居酒屋。若い女の子に飲食代をオゴる代わりに、外に連れ出して即日セックスを目論んでいたのだが、何度遊びに行ってもとにかく成功した試しがない。

相席屋へ来る若い女の子たちは、男との出会いなどどうでもいいと思っているタダ飯目的の貧乏人ばかりだからだ。

その点、この『相席屋R30』は、貧乏女が多い30才未満を排除した(男女とも)お店なので、その心配が少ない。

さらに、赤坂という立地からかバブリーな既婚女や、金持ちのオッサン狙いの肉食系女が多く、楽しく飲んでノリが合えばとりあえずセックスを、という流れになることが多い

のだ。

連れ出した後も、バーやホテルなどそれなりのレベルを要求されるので、少々お金がかかるが、エロい女はいいものだ。

（東京・49才）

女装子を排除してくれる、ヘンタイ安心のポルノ映画館

大きい街に行けば、変態が集まるポルノ映画館の一つや二つはあると思う。

露出カップルや、自分の女を他人に抱かせて興奮するような変態たちが集うので、間近で他人のセックスが見れたり、女の身体に触られたり、運がよければフェラやセックスさせてもらえることもある。金がなくヒマだけはある俺のような人間には、1日ダラダラと過ごせて変態カップルたちとも絡めるポルノ映画館はありがたい存在だ。

さて、そんな変態ポルノ映画館だが、どこでも同じというわけじゃない。やたらとゲイが多いとか、年寄りが多いとか、集まってくる変態たちに微妙な違いあるのだ。

最近特に多いのが、女装子が集まる映画館だ。女装した男のナニがいいのかわからないが、女装子ファンというのが結構いてニーズがあるらしい。

俺はどんなにブスでもデブでもババアでも、男よりは女の方がいい。女だと思ってちょっかいを出したら、股間にチンポがついてるだなんて悪夢でしかない。

ここ『上六シネマ』（大阪）は、規模は小さいものの、店員が入口で女装子を排除してくれるので、本物の男女の変態カップルだけが集まる。彼らは館内の後ろや前、端っこの席に陣取り、しばらくすると服を脱がせてピチャピチャクチュクチュとおっぱじめてくれる。

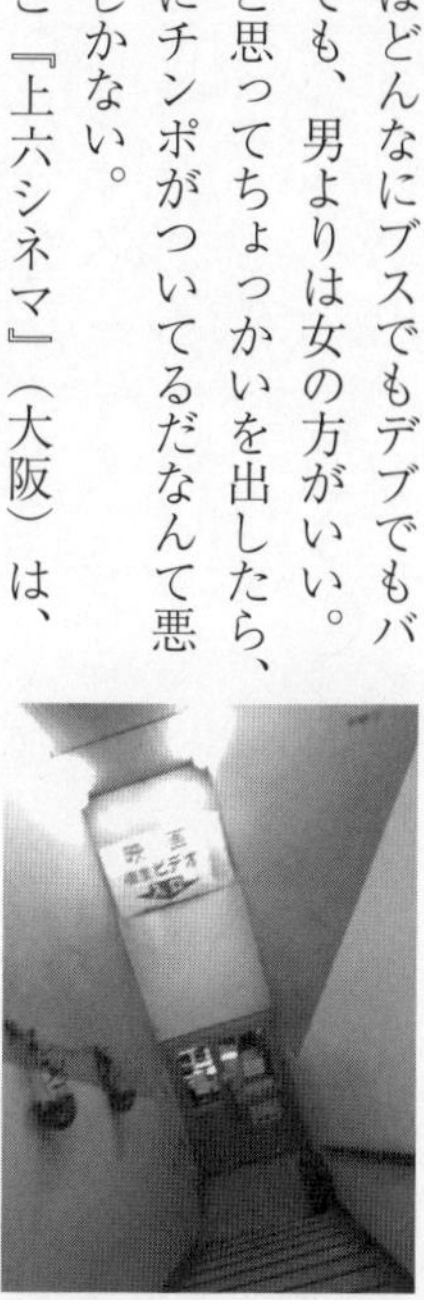

俺たちは安心してそこに近づき、ご相伴にあずかることができるのだ。行儀の悪い男がいれば常連が注意するという連帯感もあり、変態たちのオアシス的な場になっている。

（大阪・55才）

一発3万も可!
売れない読モたちは
金持ちの愛人を探している

ちょっと前までは、女遊びと言えば地元のキャバクラやスナックばかりだったオレだが、最近はツイッターで、こんなキーワードを検索して、そちらに出向いている。

『ベイコート倶楽部』

『SIX TOKYO』

高級ホテルや、都内のクラブの情報が出てくるワードだ。これで検索し、『高級タワーレジデンスパーティ』やら『紳士淑女の集い』などの文言を発見したら、即座に参加希望を伝える。

お察しの人もいるだろう。オレが参加しているのは、『愛人探しをしてるイイ女が集まるパーティ』だ。およそ参加費は5千円～1万円ほどだろうか。

この手の場所で行われるパーティでは、売れないグラドルや読モ、女子大生なんかが大量にやってくる。オレみたいなさえない中小企業勤務のリーマンでも、月3～10万程度で愛人契約をすることができるのだ。若くて美女揃いの上、これぐらいの投資で済むのなら、キャバやらスナックに足繁く通うよりも非常に効率が良い。

　肝心の愛人交渉だが、パーティの場でとにかくライン交換をしていくだけ。その後全員に、

〈1回のデート3万で愛人できる?〉

と連絡し、食いついてきた子と具体的に話を進めていくだけ。出会い系の援交相場よりは高めだが、女のレベルも高いので文句はない。

　この手のパーティに顔を出していると、いつの間にか男の顔なじみもできて、彼らは「もっと有名な芸能人と会えるパーティもあるよ」と誘ってきたりもする。まだ参加していないのでそっちは何とも言えないけど。

（東京・42才）

若い男だけが楽しんでるハプバーなんかまったく楽しくない!

ハプバー遊びは楽しいものだ。素人の女と次々遊べる上に、店内でエロトークし放題のあの雰囲気は、他では味わえない。

しかし、俺のようなオッサンには、爽やかそうな明るい20代の男がパンツ一枚で場を仕切っているあの感じはどうにも耐えがたい。

しかも女にモテるのは筋肉質な若い男ばかり。我々はその様子を恨めしそうに眺めるだけだなんて。同じ気持ちの方もいるのではないだろうか。

全国のハプバーで遊びまわった俺が、おっさんでも気後れせずに楽しめる店をズバリ紹介しよう。

東京なら「ラスク」や「ブリスアウト」「リトリート」、名古屋なら「ジュリエットクラブ」、大阪は「ベリー」。さらに群馬の「デ

ィナール」。

このあたりは客の平均年齢が高めで、店の雰囲気も落ち着いていて、大声を出したりバカ騒ぎしたりする連中はほとんどいない。静かに遊びたい者同士が口コミで集まっているのだろう。

そのうえスタッフの対応もしっかりしており、単独客同士をそれとなくくっつけてくれたりするサービスもあったりする。

紳士的な対応さえ心がければ、これらの店で必ず楽しめるはずだ。

（東京・41才）

おっさんがガイジン中年女にモテるクラブ

外国人女性が大好きな、何の取り柄もないオッサンの俺が、毎月1人以上新規の外国人オンナを抱いている。

とはいっても、特別なことはしていない。ただクラブに行って踊りながら酒を飲んで、なんとなくナンパしているだけだ。

俺の通っているクラブは、六本木の「モータウンハウス」、銀座の「ｄｉａｎａ」、大阪心斎橋の「サム」、宗右衛門町の「ＰＵＲＥ ＯＳＡＫＡ」など。

これらのクラブは、外国人向けの観光ガイドブックで紹介されているため、外国人が多く来る。30～40代がメインだ。

おばちゃんの彼女らは若い男とはあまり絡まない。外国人オンナはあまり年下の男に魅力を感じないようだ。だから俺のようなオッサンが食いまくれるというわけ。

元々日本人よりも性に開放的である上に、普段の生活から解放

された興奮や酒の勢いもあるのだろう、俺のような何の取柄もないオヤジでも、運さえよければウソのように簡単にヤレてしまう。相手も最初からその気なので難しく口説く必要もなく、中学レベルの英語で十分。

また、クラブでは人生初の逆ナンも経験してしまった。30後半と思しき白人女性に声をかけられたと思ったら、返事をする間もなくグイグイとボディータッチ&激しいキス。挨拶もそこそこに、半ば逆レイプのような形でホテルまで連行されてしまった。

あまりに美味し過ぎる展開に、何か裏があるのでは？　と身構えていたころもあったが、何度か成功するうちに単なる文化の違いであることがわかり、今では毎週のように足を運んでいる。

（東京・42才）

ヤリマンの友達はヤリマンだ。誘われたら拒否しない女はここにいる

新宿や渋谷、大阪ミナミにある「ロフトプラスワン」というトークライブハウスを知っているだろうか。客席150名前後のホールで、出演者と客の距離が近く、トークを聞きながら酒も飲める場所だ。

そこで行われている〝ヤリマン〟が冠についた「ヤリマンナイト」「ヤリマン甲子園」等のイベントが素晴らしい。

トーク内容はヤリマン特有の生々しいエロ話で、「本当のヤリマンは誘われたら絶対に拒否しない」とまで豪語するヤリマンまで。

このイベント、客席には出演者の友達と思わしきヤリマン女も多数来ており、俺のようなサエえないオッサンにも休憩時間に声をかけてくれるくらい、とてもフレンドリーなのだ。会場の雰囲気と酒がそうさせているのだろうか？

あるとき思い切って「終わったら

飲みに行きません？」と誘ってみたところ、笑いながらOKしてくれて、なんとセックスまで行けてしまった。それからこのイベントに足繁く通って出演者の友達らしき女にアタックしまくったことは言うまでもない。

　ヤリマン系イベントは不定期開催が基本なため、スケジュール表をくまなくチェックすべし。

（東京・44才）

ホンモノの交際クラブでマジ美人ちゃんとこってり遊ぶ悦楽

仕事も頑張ってきたし、カネはそこそこある。しかし風俗は飽きた。キャバはヤレないからつまらない。そんな贅沢な悩みを抱えている諸兄もいるんじゃないでしょうか。

そんな貴方こそ交際クラブへ行くべきです。

入会すると回覧可能になる女性のプロフィールは、パネマジ、詐称なしの詳細なもので、素人の女子大生からグラビアアイドルまでバリエーションも豊富。どの子と遊ぼうかな…と眺めているだけでも1日潰れちゃいます。

何より最高なのはNGがほとんどないということです。昼間、一緒にランチを食べて買い物へ出かけ、その後ホテルでセックス…なんてその辺のエンコー女じゃ絶対に味わえな

いプレイもできちゃいます。いい女を連れて街を歩く快感といったらもう。それにベッドでもあれできないこれできないと言われることがないので、過激なプレイだって思いのまま。

ただし、入会金やセッティング料、相手に渡す交通費（セックス代含む謝礼のこと）を含めると一番安い女子大生クラスでも6万前後かかりますけどね。それに見合った楽しさは絶対あります。

最後に私からアドバイスを。会費をケチって安い交際クラブを選ぶと、ロクな女が来ないので必ず後悔します。「ユニバース倶楽部」や「青山プラチナ倶楽部」といった大手の交際クラブを利用しましょう。

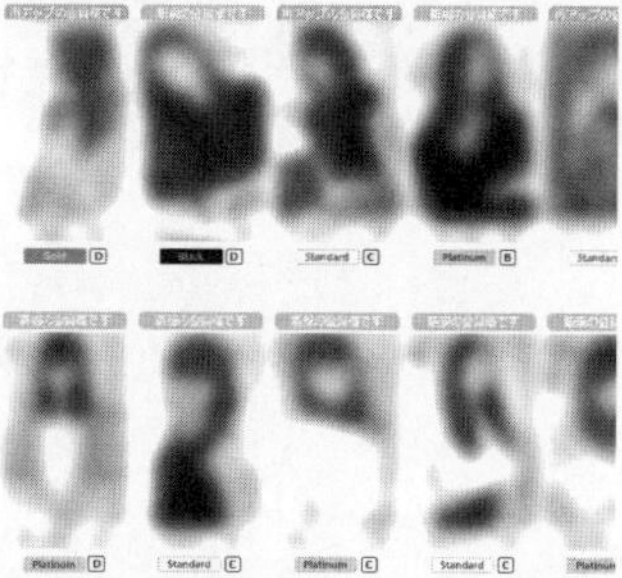

（東京・37才）

ソムリエか
教える
AVはこうして観るべし!
パイパン
LOVE
LOVE
SHAVE
リポート・青柳翔太 会社員 41
漫画 しゅりんぷ小林

レンタルビデオ
DVD
AVコーナー
18
禁
あ…
ども…
巨乳
ナンパ
新作
SM
皆さんは普段どんな理由でAVを選んでいるのでしょうか?
私、AV選びに関しては精通していると自負しておりまして
たとえば…
コレ!!
このAV女優なんかは
ネットでは〝失踪した〟という噂があって…
巨乳ちゃんハイ!!
生中出し!!
ブログの更新なくなったね
所属事務所のHPから名前も消えてるし
いろいろイヤになったんじゃね
——といった書き込みがあります…

ゴー…
私が想像するには彼女はAV女優をやめて旅に出て…
人生リセットしよ…
見知らぬ街で…
ガラ…
……
ホステスさん急募 スナック花々
スナック花々
…ココで働くか…
ホステスさん急募 スナック花々
今日新しく入ったコよ
新人のミホ（仮名）でーす！よろしくお願いします
おねーちゃんどっかで見覚えあんだよな…
はて？
ギク
…いや気のせいですよ
さ！さ！
うん…
…なんてね
そう、このコホントに地方の場末のスナックにいそうだよな
あぁいいっもっと
こんなふうにAV嬢の裏側を想像すると興奮しちゃいます
巨乳ハイ!!
ピュッ

…てなワケで
今回は私の オススメAVを 教えましょう
自宅なう
フキフキ
① 男の名前のタトゥ
まずは コレ…
このコの腕、見てよ
ヨウヘイ命
タトゥが入っている AV嬢は多いものですが こんなのは…
ヨウヘイ命
100%、元ヤンキーだよねー
あふん
ヨウヘイ命
おそらく彼女は中学時代に…
えっ、ヨウヘイ先輩と!?
うん ヤッちゃった
マジェ?
今日ウチ 親いねーから
ビイイイイイ
行く! 行く!
あのさー
え?
オレら今日で 付き合って 一週間じゃん
そうだね
AYU

ほら…
グイッ
えっ ウソ！
エミ命
エミはオレが一生守るわ
大好き!!
エミ命
そして――
ワリバシ＆裁縫針
チクチク…
イテーか？
ヨウ
大丈夫…
ヨウヘイ命
…私も一生ヨウヘイを愛すよ!!
エミ…!!
ヨウヘイ命
エミ命
――と、固く誓い合うもあっという間に破局
ヨウヘイ!!
――なんてシーンを想像しますと…
あっ いい
もっと もっと
グチュ グチュ
ヨウヘイ命
ヨウヘイ！オマエの元カノ今じゃこんなAV女優だぞ～
そんな私のオススメ作品は…

② 出演作一本のみ
コレ
コレ…
デビュー作
初めてのチョメチョメ
出演作品が一本だけというAV嬢も割といます
「ラブリーモード」
朝霞舞
「エロバディX」
浜崎恵美
これもなぜ一本しか出演しなかったか想像してみると…
〇×銀行
ハァ～
預金残高が百円って…
通帳
ちょっとおねーさん
AVに興味ない？
え？
——と、そのまま事務所へ…
キミなら一本20万は稼げるよ
これ契約書ね
もう決めちゃおっか
20万か…
でも～
なに冷やかしなの！
さっさとサインしろよ!!
ハ、ハイ…
そして——
あああ～っ

オススメはこちら

「お尻ペンペンしてほしぃです（照）」
椎名すず

「FIRST IMPRESSION 87」
瀬古あさひ

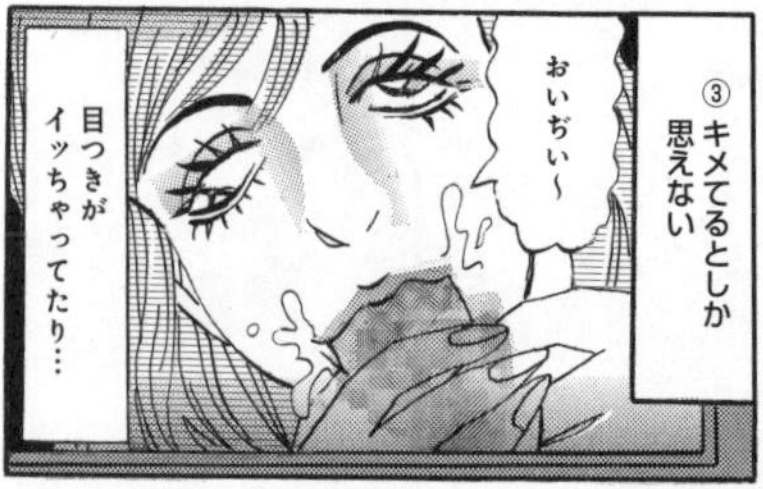

ヤバイやつじゃないよ
パク…
ふ～ん…
ゴク…
……
……
あひ～ん

——なんて強力な媚薬を飲んだに違いありません
このヤク中め!!
あひっあひっあひっあひっ
そっち系のオススメは…

「アナルバング」
森下さやか

「輪姦事故 つぼ-06」
長瀬愛

「あなたの奴隷にして下さい」
小泉キラリ

④パイパン解禁
剛毛だったコが——
急に剃ってしまうケースがたまにあります
これはおそらく…
ちょっとストップ
監督～
？
ン？どした？
彼女の毛が口に入ってクンニが…
ボゾボン…
たしかにふさふさなんだよな～
聞こえてますけど…

そして――
オイ いいのか?
ハイ、自分で剃りますから!!
ゾリゾリ
なんてコトでツルツルにしたんだろ~
ドビャッ
LOVE
パイパン
オススメはこちら
さくらゆら
大塚まゆ
⑤振り幅がすごい
いやん恥ずかしい~
こんな清楚系っぽいコの出演作品が段々と…
ああ~チ●ポ大好き!!
もっとぶっかけて~!!
――と、3P、5Pからしまいにはスカトロまで…
これは高級ブランドとホストクラブにハマり…
カードで…
カードで…

オススメはこちら

↓

優木あおい

ASUKA

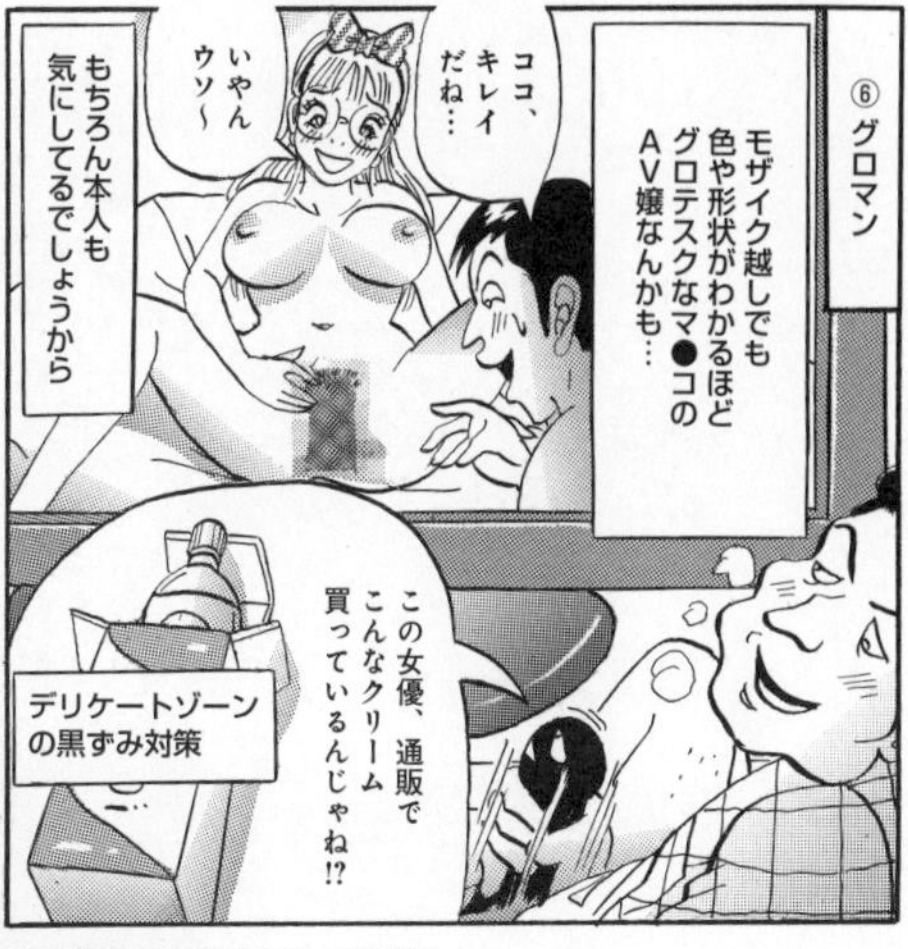

松嶋葵

白石茉莉奈

美咲結衣

第4章

盗撮の知恵

2017年春現在 盗撮マニアが最も注目する無音カメラアプリは？

シャッター音が鳴らないカメラアプリ『無音カメラ』の高機能化が止まらない。より高解像度で、より使い勝手のいいシロモノが次から次へと出現、「悪用厳禁！」なんて白々しい触れ込みで提供されている。

では現在、どんな無音カメラが、盗撮マニア連中に注目されているのか。

アイフォン版では、『Microsoft Pix』だ。その名のとおり、天下のマイクロソフト社製だけあり、画質レベルがデフォルトのカメラと遜色なく、連続撮影時の処理速度もスピーディ。

しかもiPhone7 Plusならば、望遠カメラ（メインカメラが2つ付いているうちの1つ）まで利用できてしまう。それにしてもマイクロソフトも、どういうシーンを想定し、遠くの被写体を無

音で撮影できる機能を付けたのか。

一方、アンドロイド版では『LINEカメラ』だろう（アイフォン版は音は消せない）。これまた有名メーカーの製品だけに起動が安定している点、また、無音でのビデオ機能撮影も可能な点が評価されているようだ。

新・男のエロ知恵160　盗撮の知恵

壁にかけられた金魚の映像が、セックスシーンを撮っている

漫画………なかむらみつのり

スマホの真っ暗な画面が、こちらを向いていればスリープ状態だと安心する

女性はバカではない。男のスマホが部屋の隅に後ろ向きに立てかけてあり、メインカメラがベッドのほうを向いていたら、まず警戒する。もしかしてセックスを撮ろうとしてるんじゃないかと。

では、スマホが後ろ向きではなく、表向きに立てかけていたらどうだろう。

もちろん、画面に映像が表示されていたら盗撮していることが丸わかりだが、例えばタバコなんかが画面の前に置いてあって隠れていたら、女性も意識しにくいのでは？

隠し撮りマニアたちはもう一歩踏み込んで考える。万が一タバコに触れられたら一巻の終わりだから、もっと上手く画面を隠せるものはないかと頭をひねる。

そこで利用されるのが、『ブラックビデオ』（アイフォン用250円）というカメラアプリである。

これ、とにかく機能がすごい。インカメで動画撮影する際に、画面を非表示に、つまり真っ黒にできるのだ。

だから女性も安心してしまう。（スマホの画面は真っ黒。撮影中なら自分が映っているはずだから、これはスリープ状態。盗撮の心配はないな）

新・男のエロ知恵160　盗撮の知恵

スマホカバーを少しズラせば、カメラレンズがこんにちは

漫画………なかむらみつのり

電車正面席のパンチラをアップではなく顔も含めて撮影したがる連中

スマホ用広角レンズは、通常時よりも広い範囲を撮影できるグッズだ。被写体までの距離が短く、そのままだとアップになりすぎる場合に重宝するのだが、これを隠し撮りに利用する連中がいる。

例えば、電車のボックス席の向かいで寝ているミニスカ女性のパンツを、顔も含めて撮影するとか（縦に広角に）。

例えば、エスカレータの目の前の女性のホットパンツの尻を、太ももからウエストのくびれまで入れて盗撮するとか（同）。

ときには、部屋の隅にスマホをセッティングし、セックス相手の女性には「仮に盗撮しようとしていたとしても、あの位置なら見切れているだろう」と思わせておいて広角で撮影したりも。

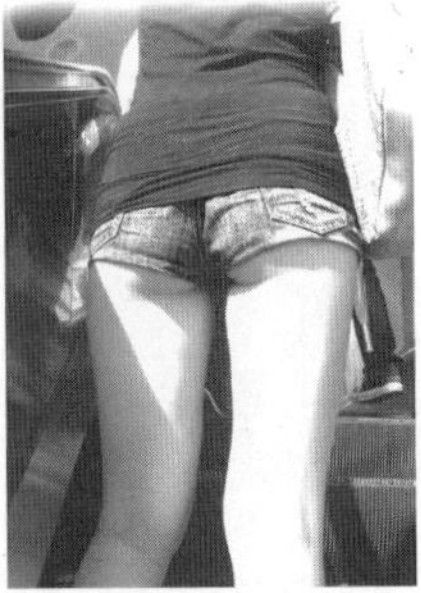

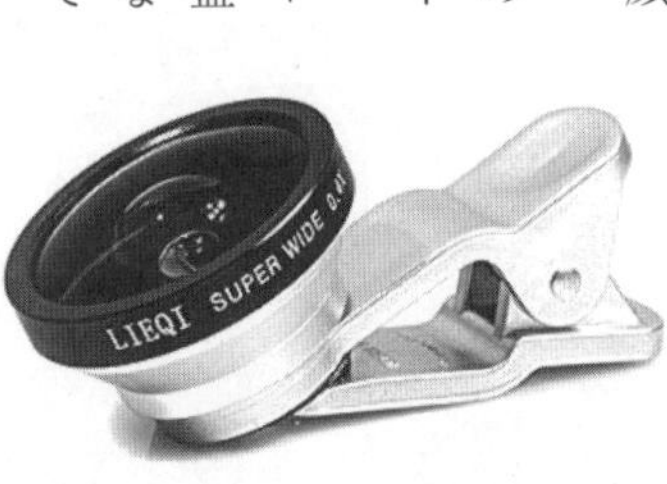

近頃ではスマホ用の広角レンズは100均でも販売されているだけに、悪用が流行らないことを祈りたい。

新・男のエロ知恵160　盗撮の知恵

ゲームコントローラーをいじってりゃ、誰だってゲーム中だと思い込む

漫画………なかむらみつのり

新・男のエロ知恵160　盗撮の知恵

強制終了を避けるため、ムービーの長時間撮影にはアイスノンが使われる

ポケGOブームの時期、長時間の連続プレイによるスマホの発熱で、ピコピコやってる最中にゲームが強制終了するトラブルが続出し、巷では〝放熱グッズ〟があれこれ販売された。冷感シップのようなアイテムや、放熱性の高いアルミ製のカバーなどだ。

しかし、これらの商品に飛びついたのは、ポケGOプレイヤーだけではなく、盗撮マニアたちにも興味を持たれることに。

連中は、セックス盗撮の際、ムービー撮影状態にしたスマホを部屋の隅にセッティングするわけだが、その最中の発熱強制終了に頭を悩ませていたからだ。

が、連続ムービー撮影するときは、市販の放熱グッズくらいでは冷却が追いつかない。どうするか。より直接的な冷却方法として、スマホにアイスノンを取り付けるのである。そこまでして、とも思えるが、彼らの執念はそれほどすさまじいのだ。

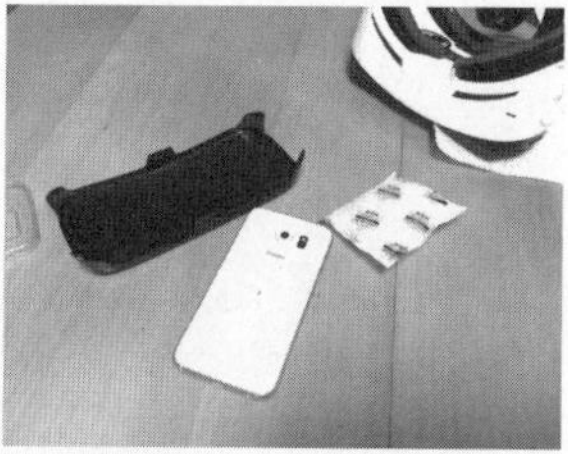

新・男のエロ知恵160　盗撮の知恵

カーセックスは斜めからのほうが広めに映る

カーセックスにおいて、スマホが設置されがちな場所はどこか？
クチュ
クチュ
隠し撮りマニアたちは思う
映像がアップになり過ぎるのは面白くない、と
そこでよく利用されるのが、吸盤タイプのスマートフォン車載フォルダーだ
さりげなく運転席の窓ガラスに装着しておき
ペタッ
クル
サッ
んしょ
んしょ
あ～ん
あ～ん
斜めからのほうが広めに撮れるんです

漫画………なかむらみつのり

Wi-Fiでスマホに映像を飛ばす最新カモフラカメラあれこれ

近年のスマホ盗撮においては、様々な形状のカモフラージュカメラの映像を、Ｗｉ－Ｆｉ経由でスマホに送る手法が大ブームだ。

かつては、盗撮犯が現場にカメラを設置したとしても、それを回収しなければ映像を観ることができなかった。しかしこのタイプなら手元のスマホにリアルタイムで映像が映しだされ録画もできてしまう。

こんなモノがアナタの部屋や車に隠されていたら…恐ろしすぎる話だ。

火災報知器型

ナンパした女のセックスを天井から

部屋の天井にこいつが付いていても、盗撮カメラだと気づく人間はいないだろう。「動体検知機能」により、人が映り込んだときに動画撮影が開始されるため、彼女、デリヘル嬢、ナンパされて連れ込まれた女

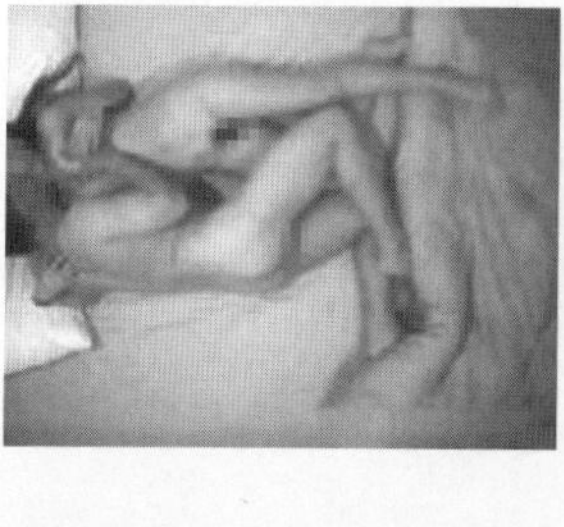

性などが、まったく自然な流れで盗撮されてしまう。
　素人エロ動画販売では、これを使った作品も販売されている。

置き時計型

ラブホ備えつけの置時計？……ではありません

　ラブホテル室内の盗撮でよく使われているのが、置時計型カメラだ。たとえば客がホテルに入ってデリヘル嬢を呼び、女性が到着する前にこのカメラをテレビ付近に置いたとしても、嬢からすれば「ホテルに備え付けの時計」にしか見えない。

　盗撮には敏感な彼女たちも、置き時計の向きまでは気が及ばないだろう。

ペン型

メールのフリで角度を確認

　これまでのペン型カメラでは、ポケット

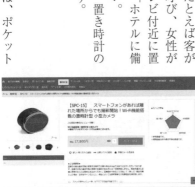

に入れて盗撮しても画角がうまく調整できず、撮影に失敗するケースも多かったようだ。

だが、Ｗｉ－Ｆｉタイプならスマホの画面を観ながら撮影できるため、その失敗が少ない。

目の前の男がスマホの画面を覗いていたとしても、メールの確認でもしてるぐらいにしか思わない。ひっそりと胸元のカメラで盗撮されているにもかかわらずだ。

水筒型

まさかこんなもんにまでカメラがついてるとは

特に夏場などは普段から水筒を持ち歩く人は多い。そいつらがまさか盗撮魔だとは誰も思わないだろう。

レンズは水筒側面にひっそりついており、椅子やテーブルの上に置いてあっても、手に持っていても、盗撮されていることに気づける人は皆無と言えよう。

真上ではない。スタバの紙袋のあの角度がスカートを狙う

デパートの紙袋などの形状を思い浮かべてほしい。モノをたくさん入れた場合は、直方体になるあの紙袋、空っぽのときは、下から10センチほどが斜め上を向いているはずだ。あの角度に盗撮魔が目をつけた。小さな穴を開け、内側からスマホをガムテープで貼り付けると、カメラが斜め上を向いた状態になる（写真参照）。

このままでは持ち運ぶ際に型崩れが起きてしまうため、袋の側面を内側からホチキス留めして、自然な折り目の形状を保つ念の入れようだ。

準備ができたらその袋を手に下げて、エスカレータや階段などでターゲットに近づく。それだけで、斜め上を向いたカメラがスカートの中を狙うという寸法だ。

無地よりもバレにくいスタバやタリーズコーヒーなど柄物の袋が使われており、これに気づける女性は少ないことだろう。怪しい紙袋には近づかないことだ。

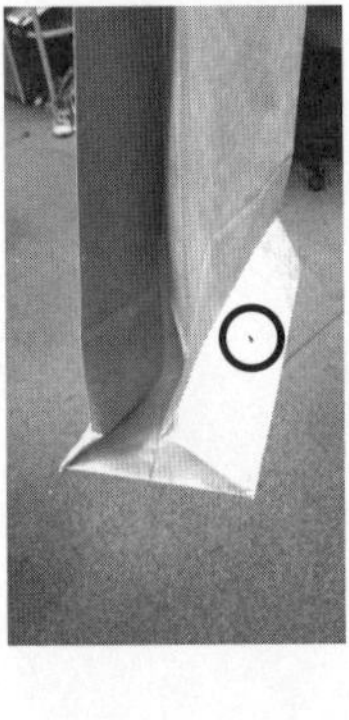

風呂窓のすきまや郵便受けからも入っていくファイバースコープカメラ

直径、5．5ミリの内視鏡カメラだ
5.5ミリ
本来はこんな場所や
こういう用途で使われるが
盗撮マニアたちの注目も集めている
ふふーん♪
ほかにも
ごそ
ごそ
こんなことをする連中まで
怖い時代です

漫画………和田海苔子

容量オーバーの長時間セックスシーンが何度も撮られる理由は?

スマホ盗撮を得意とする連中たちの間で、定番アイテムと言われているのが、このiXpandだ。

アイフォンは、SDカードなどの記憶媒体が追加できないので、現場で容量不足になってしまうとそれ以上の撮影が不可能になってしまう。16ギガのアイフォンユーザーなどが、この問題にぶつかりやすい。

このiXpandは、前もって専用アプリを入れておけば、スマホが容量一杯になったとき、ライトニング端子に繋げるだけで、1時間程度の動画データでも数分で転送できてしまう。転送し終えたデータをスマホから消去すれば、また動画撮影に十分な容量が復活するわけだ。

例えば夜、こっそりハメ撮りをして容量が一杯になってしまったが、朝の一発も撮りたい、なんて場面で悪用されているのだろうか。

女性のみなさん、「部屋を暗くして…」では安心できませんぞ

漫画………和田海苔子

なぜ壊れない？ プールの中の水着姿はこうやって撮られている

昨年の夏、こんな男たちを数人見かけたんですよ
あれ？
またた…
……
防水ケースを使って水中で盗撮してる連中がいるんです
パシャ
マジかよ！
ケースの上から操作できるんですね
……
さらにヤバかったのは"ナイトプール"です
またかよ…
…あれ？
ナイトプールの場合、女の子も普通にスマホで撮影してるので不自然じゃないんでしょう
ニシシ…

漫画………和田海苔子

新・男のエロ知恵160　盗撮の知恵

大きな望遠レンズなしでも、遠方のパンチラは狙われる

ごそごそ
……
てくてく…
スチャッ
最近は、こんなに簡単に望遠撮影ができるんですね
てくてく…
カシャ
カシャ
チラリ

漫画………和田海苔子

レンズがないからセーフ!? ミラー状のケースが実はマジックミラーだったら?

ベッドを見渡せる位置にさりげなくスマホを立てかけ、動画ボタンをオン——。

これ、ハメ撮り盗撮の手口としては最もオーソドックスなものだが、反面、盗撮される側からすれば、すぐに見抜ける手法だ。

そりゃそうだろう。壁やカバンなどに立てかけられたスマホレンズが、あからさまに自分に向けられていたら、まず盗撮を疑うのは自然なことだ。

なのでズル賢い連中は、そんなバレバレなことはしない。実はいま、手帳型スマホケースの両面に、マジックミラー状のフィルムを全面貼りし、レンズの存在を隠蔽する手法が横行しているのだ（マジックミラーフィルムはカー用品店などで販売されている。カラーも各種アリ）。

これをやられると撮られる側からレンズは見えないのに、レンズ側からはフィルムの向こうが透けるため、撮影は可能という状況に。

そのうえ、このレンズ隠蔽法は、表面がミラー状になったスマホケースが多く市場に出回っているだけに、不自然さもほとんどない。

かりにそんな状態のスマホが壁に立てかけてあっても、盗撮被害者は「あ、表面（カメラが付いてない側）が向いてるんだな」と思い込む可能性が高く、そもそもレンズが見えないという一点で人は安心するものだ。厄介な悪知恵と言わざるを得ない。

新・男のエロ知恵160　盗撮の知恵

テーブル上のスマホだけを注意していたら実はもう1台に盗撮を…

近ごろ ある盗撮法が 横行している
ヌキヌキ学園の ミキです
待ってたよ
60分コースなんで 1万3千円に なりまーす
はい、どうぞ
キョロ キョロ
どう したの？
いえ別に…
風俗嬢は 盗撮に対して 警戒心が強い
すいません スマホ 片付けて もらって いいですか？
盗撮とか イヤなんで
…う、うん
下手なことを すれば…
とまあ こうなって しまうワケだが
ずる賢い連中は スマホを無造作に テーブルに置く
そろそろ シャワー しよっか
はい
ホッ
コト
先に出て 待ってて ください
はいよ
フン フン ♪ ～
これでヨシ
お待たせ～
ちゃんと スマホ あるわね
おわかりだろうか？ 最初のスマホは ダミーで 2番目のスマホこそが 本命なのだ
いったん警戒心を 解いた風俗嬢は 本命スマホに 気づくことはない
撮り放題 だぜ～
ジー

漫画………サレンダー橋本

新・男のエロ知恵160　盗撮の知恵

スーパー逆さ撮り魔が買い物かごに砂糖袋を入れている理由

逆さ撮りといえば、駅のホームや階段、本屋などで行われているイメージがもっぱらだが、実は町中のスーパーも、盗撮魔が大いに好む場所だったりする。

わからない話ではない。昼から夕方にかけては主婦が、夕方から夜8時ごろまでは仕事帰りの独身OLが大勢やってくるあの女性だらけの環境は、あの手の輩にとって天国のようなものだろう。

が、スーパーで逆さ撮りが横行する最大の理由は別にある。客がみな、買い物かごを手にブラ下げている点だ。

買い物かごの底にスマホをセッティングしておけば、それを持って店内を歩き回っても何ら不審ではないし、かつ、女性のスカートのすそに簡単にレンズを差し向けることができるわけだ。

しかもその際、より狡猾な人間は、買い物かごに詰め替え用の砂糖パックを入れて悪事を行う。

2つに重ねたパックの間にスマホ

を差し込めば、砂糖の重みでスマホがしっかりと固定され、かごの中でゴチャゴチャと動かない。狙いどおりの、スムーズな撮影が可能になるのだ。

新・男のエロ知恵160　盗撮の知恵

最近の逆さ撮り犯は靴の先ではなく、ヒザにカメラを仕込んでいる

漫画………サレンダー橋本

新・男のエロ知恵160　盗撮の知恵

360度レンズに狙われたら、部屋のどこにいようと逃げられない

漫画………今井のりたつ

スマホがこっち向きじゃなく、下を向いてれば撮られてるとは思えない

漫画………サレンダー橋本

ラインのピロン音が鳴ってれば誰かとやり取り中に決まってる

たとえば目の前に全裸の女がいるとする。堂々とスマホを取り出せば当然、撮影を警戒される。

しかしもしそのスマホから、ラインの着信音がピロンピロンと連続で鳴っていればどうか？

「なんだよ、こいつら。しつこいな」とかなんとかつぶやきながら指を動かしていれば、ラインのやり取りをしているとしか思えないだろう。

これが盗撮の手口だ。

ラインのあのピロンという通知音は「シンプルベル」という名前がついており、ＹｏｕＴｕｂｅなどにも音源が上がっている。

このシンプルベルをｉＰｈｏｎｅなら「アンズチューブ」、Ａｎｄｒｏｉｄなら「ＰＶＳＴＡＲ」等のバックグラウンド再生ができるアプリで、ループ再生しながら動画を撮影するわけだ。

動画撮影時は標準のカメラを使うと音が止まってしまうため、無音アプリが用いられている。

新・男のエロ知恵160　盗撮の知恵

手のひらに収まる小さすぎるスマホがやはり悪用されていた

ソニーから発売されている
ST15iというスマホ
このスマホのウリは
なんといってもこのサイズ
MILL 8EVEN
だから色々なことに
悪用されがちなんです
イヒヒヒヒ…
ス
ニヤリ
ス…
MILL 8EVEN
あ〜っと
手がすべった!
しゅっ
こんなことも
小さすぎる
スマホってのも
考えものです

漫画………くみハイム

ただいまスマホ充電中。画面が下を向いてるから、撮影されてるわけがない？

この盗撮カメラ、見た目はどこにでもあるモバイルバッテリーそのもので、実際に充電もできる。カメラの穴も意味ありげなデザインで偽装されているので、手に取られても怪しまれることがないレベルだ。

こいつをスマホに繋いでテーブルの上に置けば、どこからどう見ても充電中である。疑うものは皆無だろう。

また、これを実際に使っているヤツらは、フラット型というきしめんのような形をした平たいケーブルを併用しているようだ。

フラット型ケーブルは充電端子と逆向きにケーブルを差し込むことができる。この状態であれば携帯と繋いでも充電されず、バッテリー容量をすべて撮影に回せるためである。

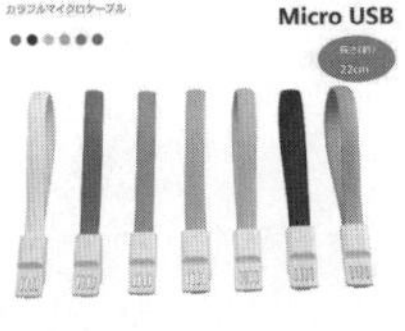

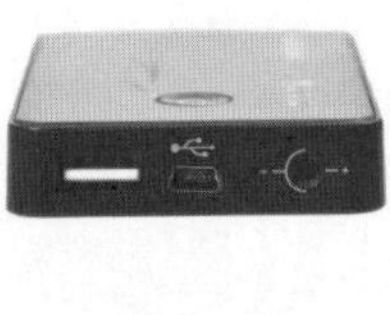

新・男のエロ知恵160　盗撮の知恵

ユーチューブを見てるつもりが、実は裸を撮られていた

ダメダメ
普通に撮ろうとしたら当然こうなりますが、こんな方法で撮影している男がいます
ユーチューブで面白い動画みつけてさ
使われているのはこのアプリ一度タップするだけで画面は一切変わらずインカメラの撮影が始まります
DIGI 時計の設...
ぴっ
Hidden Camera　Ken
これこれ
トン
なんでやねん
このスマホがいま撮影中だなんて信じられますか？
ほらこのとおり
ア
バカすぎ～
悪用は厳禁です
あたし飲み物とってくるね
イヒヒ…
ぱっ

漫画………くみハイム

対面パンツ狙いのため、首からストラップを垂らしてヘソの下にスマホを

電車内でミニスカの女が向かいに座っていると、つい撮影を考える輩がいる。

が、パンツを撮るためには、自分のヘソの下あたりにスマホを持っていかなければならない。そんなバレバレの動きをしたら間違いなく捕まるはずだ。

そこで盗撮犯たちは、スマホ用のネックストラップを使って座りミニスカを撮影している。

長めのネックストラップを使い、ヘソの下あたりにスマホが来るようセッティング。この状態で動画を回しながら、ミニスカ女の向かいに座れば、カメラはちょうどパンツを捉えることになる。

万が一スマホが裏返った場合に備えて「ブラックビデオ」などの画面が真っ暗な状態で撮影できるアプリが併せて使われているようだ。

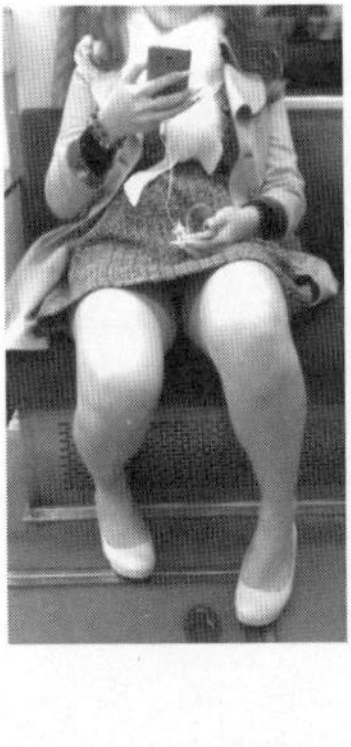

新・男のエロ知恵160　盗撮の知恵

「すぐ消すから裸を撮らせて」そんなセリフ裏があるに決まってます

はじめまして〜
待ってました!
あの、ちょっとお願いがあるんだけど
?
写真撮りながらしてもいいかな? 終わったら写真はそっちの手で消していいからさ
それならいいですよ〜
あ〜やらしい
パシャ
やっぱハメ撮りは興奮するなあ
パシャ
パシャ
はーい全部消しますね
オッケー
ここを消しても実は安心できないんです
ぐふふ
ピッ
iCloud
カタ
カタ
ありがとう、めっちゃ興奮したよ 約束通り写真消していいから
撮影した写真をiphoneならicloud Androidならgoogleドライブにリアルタイム同期させれば携帯の写真を消してもクラウド上には残るんです
うっひょー

漫画………くみハイム

第5章
この世のひみつ

巻きゴムを防げ
くるっ くるー
九段教授
何でも知ってる
偉い教授
フランス帰り
テツ子
好奇心旺盛で
陽気な女の子
あだ名は
テッちゃん
ジン君
おっちょこ
ちょいな
男の子
まんが：石井達哉
監　修：宇都宮正次
くっちゅ くっちゅ
ラブホ
そろそろ入れて～
くっちゅ
くっちゅ
くっちゅ

サササッ
僕はゴムが苦手だから
素早くつけて挿入しないと
すぐにフニャチンに
なってしまうんだよな
クルッ
クルッ
あ、ゴムが
巻き込まれ
ちゃった!
ぐぐ…
ぐぐぐ…
ちくしょー
あ、どうすりゃ
いいんだ
あー
モタモタ
してるから
しぼんじゃった
よー
シラ〜
ふにゃ〜
コンドームって
急いで
つけようとすると
必ずゴムがゴムに
巻き込まれるん
だよな
おほほ

いつもジン君は
どうやって
つけてるざますか
えーっと
こうして
ずずっ
こうすると
ぐぐぐ
ぐぐ…
巻き込む…
こんな
感じ
かな
それは
左手の使い方を
間違えてるざます
おほほ
えっ!?

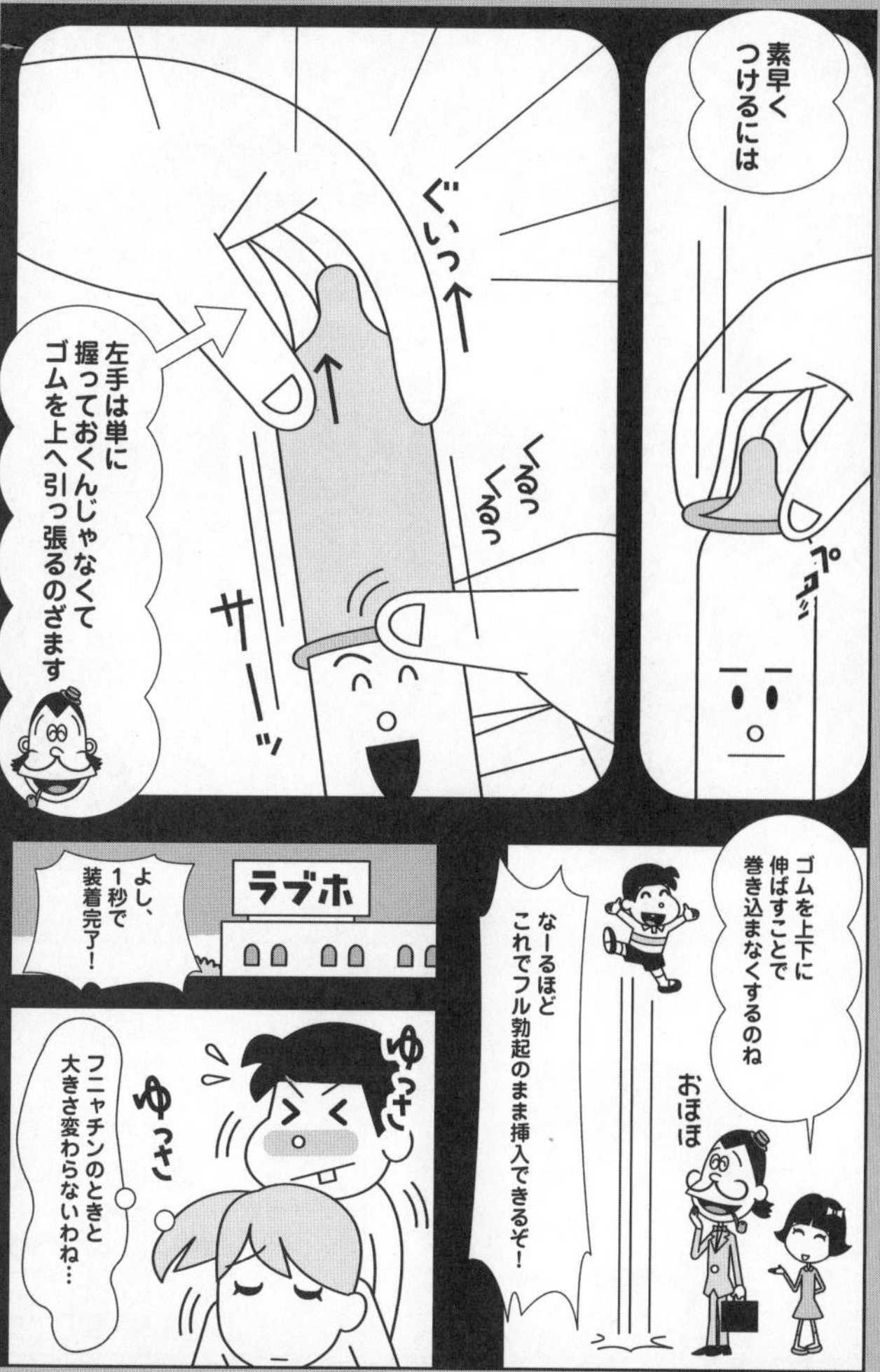
素早く
つけるには
ペコッ
ぐいっ
くるっ くるっ
サーーッ
左手は単に握っておくんじゃなくてゴムを上へ引っ張るのざます
ゴムを上下に伸ばすことで巻き込まなくするのね
おほほ
なーるほど これでフル勃起のまま挿入できるぞ!
よし、1秒で装着完了!
ラブホ
ゆっさ
ゆっさ
フニャチンのときと大きさ変わらないわね…

ブス嬢でもへっちゃら
さて
デリヘルでも呼ぼうか
でもお金がないので格安店にしよっと
あ〜もしもし

ピンポーン
お、きたきた
ガチャ
こんにちは～
げっ
格安店だからしょうがないけど
んごっ
んごごっ
なんだかなぁ
というのが昨日の出来事かな
代わり映えしないいわね
おほほ

格安デリヘルを呼ぶときはしておくべきことがあるざます
しておくべきこと?
まず電話をかけたら
ではお願いします
チャッ
オナニーざます
シコ
シコ
シコ
エロ本
え、もったいない!
ノンノンイキそうになったら寸止めで終わるざます
ぬぬぐぐぐ…
エロ本
ピタッ
ふむふむ
そしてフニャッとなったらまた寸止めオナニーざます
シコ シコ シコ
エロ本
ぬぐぐ
ぬぐぐ
これを繰り返しておくと
ピタッ
ピ・ン・ポ・ー・ン
ズダッ

どんなブスがやってきても
こんにちは～
うひょー待ってたよ
ダッ
びん びん
早く早く！
ズダダッ
はぁ はぁ はぁ
がばっ
あーン
ばっ
さすがに美人には見えないざますが脳が興奮を抑えられないので どんな女体だろうと積極的に求めてしまうざます
出会い系なんかにも使えるワザよね！
おほほ
なーるほど！
数日後
まだ我慢しなきゃ駄目だからー
寸止めデリを呼んじゃったよ…
またイケないのか…
ギュッ
ぬぐぐ

胸チラの宝庫

石やきいも
うーむ
秋は思索の季節だな
なにを考え込んでるざますか
うーむ
スタ
スタ
いや、胸チラをたくさん効率的に見られる場所はないかなと思って
ほうほうそれは誰もが考えることざますね
スタ
スタ
スタ

若いママさんの
胸チラでもいいざますか?
もちろん!
ぐわっ
大好物だよ!
彼女らの
胸元がユルイのは
常識だもん
ならば
ついてくるざます
スタ
スタ
スタ
スタ
え～
児童公園
公園は
僕も考えたけど
男1人だと
不審者扱い
されちゃうよ
キャッ
キャッ
違うざます
こっち
こっち
スタ
スタ
ここは
●●チャン本舗
と言って
赤ちゃん用の
グッズが売ってる
チェーン店ざます
●●チャン本舗
ふむふむ

もちろん客は小さな赤ちゃんのいるママさんだらけざます
でもパパが1人で買い物に来たフリもできるざます
うん、そうだね
ほら、あそこ
おー!
ぷりんっ
あそびば
ほら、あそこも
わお!あんなことまで!
ぷりんっ
キャッ キャッ

ハイハイ
ハイハイ
ぷりんっ
ぷりんっ
すげーー!
ブーッ
このように一日中楽しめるわけざます
すごいや教授!
おほほ
うー
ん?
もうタマらないざます!
え?
え?
グイ
グイ
スタ スタ
赤ちゃんプレイ専門
ファッションヘルス
早く早く!
そんな趣味はないよー
グイ
グイ

ノーリスクの
羞恥プレイ
フランス文学
日本文学
官能小説
男ならセックステクニックを知りたいざますね
テク
テク
ワタシもひとついいのをお教えするざます
おしえて!
おしえて!

カラオケ
こういう場所で
セックスするときは
まずこいつを
確認するざます
なにコレ?
煙の探知機は
あれだし
なんだか
カメラのレンズにも
見えるわ
あ、
防犯カメラだ!

違うざます。よく錯覚しがちざますが
これはスプリンクラーざます
あーそうなんだぁ
でも先端がレンズっぽいので小型カメラにも見えるざますね
なのでセックスを始めたら…
あン あン
クリッ クリッ
あ、あれ見てごらん防犯カメラだ
え！ ホントだ
ほら、見られてるよ
もっとお前のやらしい姿を見せてあげろよ
ばっ
やだー
ぷるんっ
いやーん、あーん

おら
おら
いやーん
あーん！
パッカーン
このように
リスクなしで羞恥プレイが
楽しめるざます
本物のカメラだと
怖くてできないもんね
カラオケなら他にも
受信機の丸いドームも
それっぽく見えるので
使えるざますね
ホントだー、
それっぽいね
おほほ、
やっぱりワタシは
天才ざますね
ジュポ
ジャバーー
うわー
敏感な
スプリンクラーだな～
ビシャ
ビシャ

パンチラはどこで?
スタ スタ
最近は
スタ スタ
警戒心が強くて

階段パンチラも見えなくなったなー
ぬぐぐ…
ピタ
スタ
スタ
はぁーぁ…
トボ
トボ
おほほ
ジン君
こっちへいらっしゃい
おほほ
ここは
タクシー乗り場ざます
ふむふむ
TAXI
●●えき

乗り込むときに
パンチラが見えると
思いがちざますが
ふむふむ!
スタ
スタ
バタン
意外と
乗り込む
ときは
ダメざます
ほんとだね
ストッ
だからこっちへ
来るざます
スタ
スタ
ここは駅に来たタクシーが
客を降ろす場所ざます
だいたいどこの駅でも
おおよそ決まった場所が
あるものざますからね
ブロロロッ
キキーッ
バタン
ストッ

スサー・・・
パッカーン！
おーー！
おほほ
見たざますか
タクシーというのは
降りるときこそパンチラチャンス
なのざます！
なのでこのへんで
一日中座ってる男も
いるほどざますよ
スッ
賢いなー
よーし僕も
座るぞーー！
じろーー
バタン！
スッ
パッカーン！
てっちゃん
ノーパンで
どこ行くんだ！

タダ触り
ナデナデ
サーン
サーン
ムラ
ムラ
うー、夏はムラムラするな
ムラ
ムラ
触りたいけどチカンは駄目だし…
ムラ
ムラ
ムラ
スタスタ

ムラ
入りたいけど
金はなし
ムラ
あー
ムラ
ムラ
ムラ
タダで女と
いちゃつきたいなー
じたばた
ムラ
おほほ
スタスタ
そんな
ムシのいい話
ないわよ!
ムラ
ムラ
だって…
おほほ
ひとつだけあるざます
え!
たとえば
そこらの立ちんぼでも
いいし
出会い系でも
出会いカフェでも
いいざますから

3万で売春の約束をするざます
3万でいいんだよね
はい！
そしてホテルに向かいがてら
いいおっぱいしてるね
も～
つんつん
スタ
スタ
お尻もキュッとしてるし
そうでもないですよ～
ナデ
ナデ
ナデ
ま、ゆっくり楽しもうね
フフッ
つんつん
もみもみ
ぐいっ
さわさわ
売春女なんて3万もくれる男にはニコやかに応対するものざます
こうしてさんざん触りまくって
ばっ

えっ
ダッ
ズダダーッ
うわー最低
すごい荒業だね!
おほほ でもタダで触りまくれたざますよね
んー、これは天才的だ さすがだよ!
おほほ…
ヤバイ
見つかったざます!
ズダッ
この～、セクハラオカマ!金払え～!
たったいま触りまくってきたばかりなんだね
ズダダーッ

ガードが下がる魔法

グリグリ
グリグリ
ふぁー いい天気 ざますね
眠く なっちゃうわ
気分がいいので 今日は一つ いい話を してあげるざます
へぇ、珍しい 導入だね

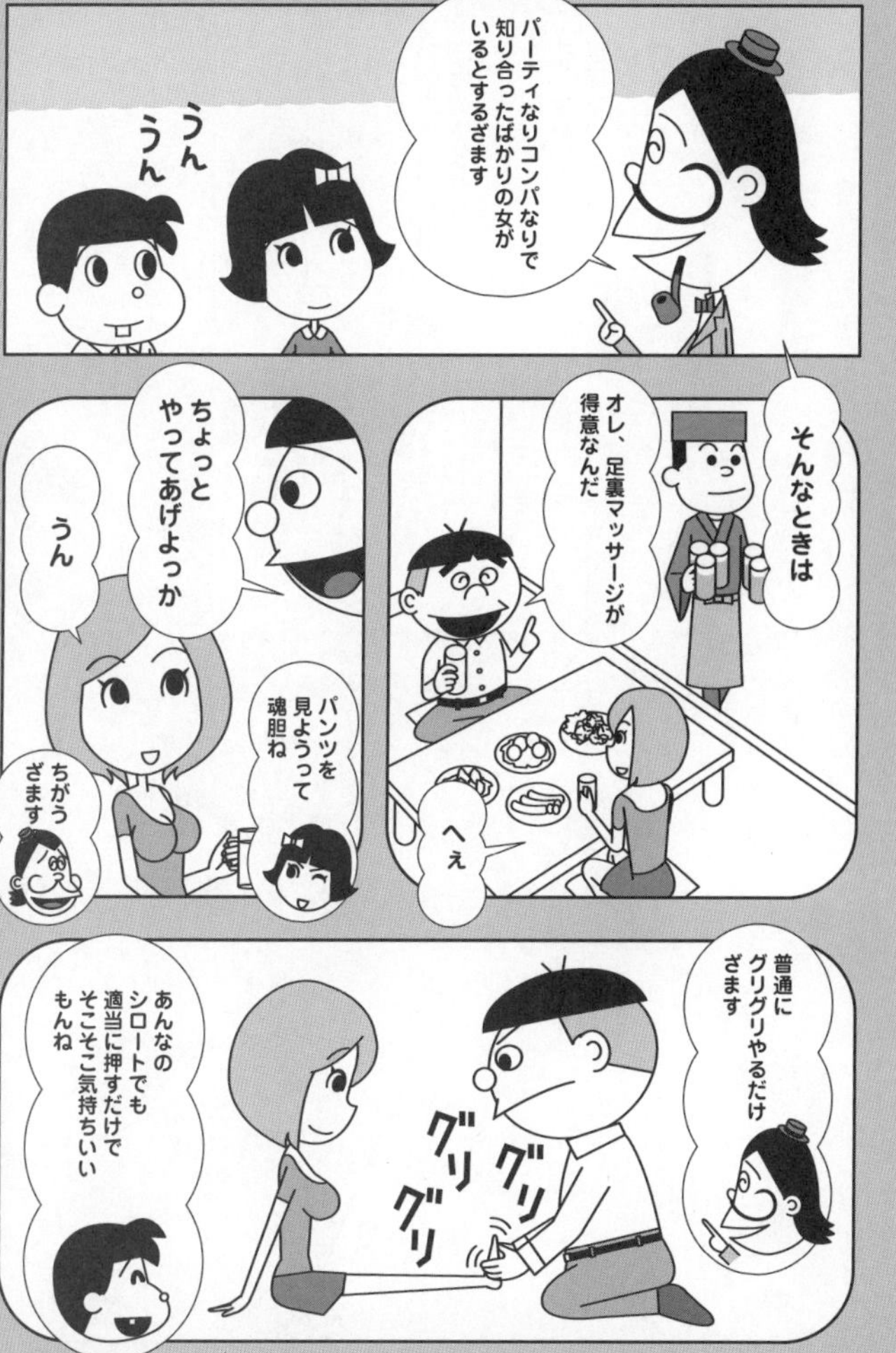
パーティなりコンパなりで
知り合ったばかりの女が
いるとするざます
うん
うん
そんなときは
オレ、足裏マッサージが
得意なんだ
へぇ
ちょっと
やってあげよっか
うん
パンツを
見ようって
魂胆ね
ちがう
ざます
普通に
グリグリやるだけ
ざます
グリ
グリ
グリ
あんなの
シロートでも
適当に押すだけで
そこそこ気持ちいい
もんね

はい、終了
ありがとう
それで？
いや、これ単なる経験則ざますが
こうして足裏マッサージをはさんでおくだけで
ねぇ…
スタ
スタ
休んでいこっか
コクリ…
ガードがあっさり下がってるざます
えーー

ワタクシも
根拠は
わからないけれど
経験上100%
なのざます。
騙されたと思って
トライしてみて
ほしいざます
うーん……
女の私もいまいち
納得できないわ
ふーむ
でもやってみる価値はありだな
後日
……ん
グリ
グリ
こんなに
足の臭い女、
ヤだよ！
オエッ
ぷ〜ん
ぷ〜ん

夢精したい！
まんが・石井達哉
監　修・宇都宮正次
グー
グー
グー
ムニャ
ムニャ
入れるよ 入れるよ 動かないで
入れるよ あっ、あー

はっ
パチッ
すごいヤラシイ夢だったのに
ピラ
夢精できなかった!
ちくしょーー
おほほほ
スタ
スタ
オナ禁はちゃんとしたざますか
もちろんだよ10日も溜めたんだから
日数は十分ざますね
クルッ
ではついてくるざます
クルッ
スタ
スタ
まずは運動ざます

わっせ
わっせ
わっせ
タタ
タタ
バシャ
バシャ
あー疲れた
ふうふう
バタン
では眠るざます
まずは下だけ全部脱いで
え、
全部脱ぐんだ
スルル
スルル

そしてうつぶせ寝をするざます
ゴロ
ゴロ
これで夢を見ながらでもペニスに思いっきり摩擦を与えられるざます
体も疲れているので夢精しやすいざますよ
グリ
グリ
ふむふむ
うわー楽しみだな
おやすみなさい
パチッ
チュン
チュン
そうなるに決まってるじゃない

鉄人文庫

新・男のエロ知恵160

2021年6月21日　第1刷発行

著者	「裏モノJAPAN」編集部［編］
発行者	稲村　貴
編集人	平林和史
表紙イラスト	加藤裕將
デザイン	+iNNOVAT!ON
発行所	株式会社　鉄人社 〒162-0801 東京都新宿区山吹町332 オフィス87ビル3F TEL:03-3528-9801 FAX:03-3528-9802 http://tetsujinsya.co.jp/
印刷・製本	新灯印刷株式会社

ISBN978-4-86537-216-8　C0176　